A RESEARCH REPORT
OF ONLINE TRAVEL INDUSTRY
OF CHINA IN 2021

中国在线旅游研究报告 2021

李宏 主编

北京· 旅游教育出版社

图书在版编目（CIP）数据

中国在线旅游研究报告. 2021 / 李宏主编. -- 北京:
旅游教育出版社, 2022.1

ISBN 978-7-5637-4364-3

Ⅰ. ①中… Ⅱ. ①李… Ⅲ. ①旅游业发展—研究报告
—中国—2021 Ⅳ. ①F592.3

中国版本图书馆CIP数据核字(2021)第275286号

中国在线旅游研究报告 2021

李宏　主编

责任编辑	马　瑞
出版单位	旅游教育出版社
地　　址	北京市朝阳区定福庄南里 1 号
邮　　编	100024
发行电话	（010）65778403　65728372　65767462（传真）
本社网址	www.tepcb.com
E - mail	tepfx@163.com
排版单位	北京旅教文化传播有限公司
印刷单位	唐山玺诚印务有限公司
经销单位	新华书店
开　　本	787 毫米 × 1092 毫米　1/16
印　　张	8
字　　数	118 千字
版　　次	2022 年 1 月第 1 版
印　　次	2022 年 1 月第 1 次印刷
定　　价	55.00 元

（图书如有装订差错请与发行部联系）

前　言

《中国在线旅游研究报告 2021》是本系列年度报告的第 8 本，内容是对在线旅游行业 2020 年的发展进行总结。2020 年是新冠疫情发生后的第一年，旅游业受到了毁灭性的打击，被称为“至暗时刻”，也有人认为旅游业已被“冰封”。在这种背景下，在线旅游企业一方面开发新的营销方式进行自救，一方面寻找新的商机，开辟新的领域。

从传统上来看，在线旅游分销主要表现为 OTA 和综合性商业平台之间的竞争。经过 20 年的发展，OTA 阵营基本稳固，几家头部企业不断完善各自的商业模式，打造核心竞争力，步步为营。而综合性商业平台具有用户流量大、黏度高的优势，在旅游分销领域进展很快，尤其在交通分销和住宿分销方面成绩显著。在垂直领域，一些单项预订网站经过多年经营逐渐走向成熟，在民宿预订、境外租车等领域具有较高的品牌效应和较好的口碑。同时，疫情加快了人们转向“云端”工作和生活的速度，居家工作和居家学习的普遍开展，促使“直播”“短视频”等平台在疫情开始之后的发展速度大大加快。新的社交媒体的出现改变了人们收集旅游相关信息的习惯，在线旅游企业的新成员在这一年表现十分突出。因此，本报告在发展概况之外分为四个部分，分别总结 OTA、综合性商业平台、旅游单项预订平台和新加入的社交媒体的表现和特点。

本系列年度报告为北京旅游发展研究基地标志性成果，北京第二外国语学院旅游科学学院研究生张亚南、赵敏、杨佳玉和娄雯婧全程参加了报告的调研和撰写。

目 录

CONTENTS

第一章
中国在线旅游发展概况

第一节　中国旅游市场发展概况

2020 年年初新冠疫情突如其来，1 月 23 日武汉离汉通道封闭，1 月 25 日全国旅行社团队游全部暂停；在 2 月 25 日，文旅部印发公共图书馆、文化馆（站）恢复开放工作指南，同时印发旅游景区恢复开放疫情防控措施指南；3 月 12 日各地陆续恢复省内游，但 6 月北京新发地市场新增确诊病例；7 月 15 日，全国各省、区、市可恢复旅行社及在线旅游企业经营跨省团队旅游业务及“机票 + 酒店”业务，但同时新疆乌鲁木齐发现确诊病例。目前，国内进入疫情防控常态化阶段，国外疫情则不稳定因素较多，国内旅游业也正在逐步恢复当中。

一、受疫情影响，全国旅游人次和收入下降，但降幅逐渐收窄①

2020 年突如其来的新冠肺炎疫情给旅游业带来了剧烈冲击，旅游人数和收入大幅下降，但在党和政府的领导下，疫情虽有反复但总体趋于稳定，全国旅游人次和收入降幅也呈现收窄趋势。

2020 年国内旅游人数共计 28.79 亿人次，比上年同期减少 30.22 亿人次，下降 52.1%。其中，城镇居民出游 20.65 亿人次，同比下降 53.8%；农村居民出游 8.14 亿人次，同比下降 47.0%。国内旅游收入 2.23 万亿元，比上年同期减少 3.50 万亿元，同比下降 61.1%。其中，城镇居民出游花费 1.80 万亿元，同比下降 62.2%；农村居民

① 文化和旅游部 . 2020 年国内旅游数据情况［EB/OL］.［2021-02-18］. http://zwgk.mct.gov.cn/zfxxgkml/tjxx/202102/t20210218_921658.html.

出游花费 0.43 万亿元，同比下降 55.7%。人均每次出游花费 774.14 元，比上年同期下降 18.8%。其中，城镇居民人均每次出游花费 870.25 元，下降 18.1%；农村居民人均每次出游花费 530.47 元，下降 16.4%。一季度国内旅游人数 2.95 亿人次，同比下降 83.4%；二季度国内旅游人数 6.37 亿人次，同比下降 51.0%；三季度国内旅游人数 10.01 亿人次，同比下降 34.3%；四季度国内旅游人数 9.46 亿人次，同比下降 32.9%。

二、假日市场波动恢复

清明假日期间国内旅游接待总人数 4325.4 万人次，实现旅游收入 82.6 亿元[①]；5 月 1—5 日，全国共计接待国内游客 1.15 亿人次，实现国内旅游收入 475.6 亿元[②]；端午假期三天，全国共接待国内游客 4880.9 万人次，实现国内旅游收入 122.8 亿元[③]；国庆中秋 8 天长假期间，全国共接待国内游客 6.37 亿人次，实现国内旅游收入 4665.6 亿元[④]。清明、五一、端午、国庆中秋旅游人数分别恢复至上年同期的 38.62%、58.97%、50.85%、79.00%，旅游收入分别恢复至上年同期 17.25%、40.42%、31.22%、69.90%[⑤]。由此可看，假日市场呈波动恢复，6 月北京新发地市场新增确诊病例，端午旅游市场恢复率有所下降，且旅游收入的恢复率低于旅游人数的恢复率。

第二节　在线旅游行业发展概况

一、在线旅游发展概述

（一）在线旅游发展概述

经过 20 多年的发展，中国在线旅游产业由弱小到强大，由不完善到逐渐完善，

---

① 中国旅游报 . 中国旅游研究院发布清明假日旅游市场报告［EB/OL］.［2020-04-08］. https://www.mct.gov.cn/whzx/zsdw/zglyyjy/202004/t20200408_852373.htm.

② 中国旅游新闻网 . 今年五一假期，全国共接待国内游客 1.15 亿人次，实现国内旅游收入 475.6 亿元［EB/OL］.［2020-05-05］. http://www.ctnews.com.cn/news/content/2020-05/05/content_74977.html.

③ 中国旅游新闻网 .2020 年端午假期，全国共接待国内游客 4880.9 万人次，实现旅游收入 122.8 亿元［EB/OL］.［2020-06-27］. http://www.ctnews.com.cn/news/content/2020-06/27/content_79228.html.

④ 中国旅游新闻网 . 文化和旅游部：国庆中秋 8 天长假全国共接待国内游客 6.37 亿人次［EB/OL］.［2020-06-27］. http://www.ctnews.com.cn/news/content/2020-10/08/content_87805.html.

⑤ 易观分析 . 中国假日旅游市场数据回顾 2020［EB/OL］［2020-11-12］https://www.analysys.cn/article ldetail/20019973.

综合实力越发强大。当前，关于中国在线旅游发展阶段的划分，行业内较为一致的说法是分为四个阶段：萌芽期、起步期、发展期和持续完善期。

萌芽期（1996—1998）：这一时期主要是依托互联网发展浪潮，其间中国在线旅游网站逐渐兴起，代表性网站有华夏旅游网、携程旅游网、中青旅在线等。起步期（1999—2002）：这一时期在线旅游企业着重采用收购的方式开拓市场，代表性事件为艺龙收购酒店预订公司LOHOO（商务旅游服务公司百德勤）；携程收购北京现代运通订房网络。发展期（2003—2008）：这一时期在线旅游企业多举措共试，首先是明确市场定位，进行中国特色的网络服务；其次是融资和上市，中国在线旅游业开始吸纳资金，进行融资和上市。2003年12月携程成功上市美国NASDAQ（纳斯达克），2004年10月艺龙成功上市美国NASDAQ；再次是业务细化，新兴在线旅游服务商涌现，如途牛、驴妈妈、悠哉旅游网等，它们细分化目标市场，拥有垂直市场份额；最后是大型互联网企业开始跻身旅游行业，运用自带流量这一强大优势，进军在线旅游行业，如淘宝旅行频道、新浪旅游等，这个阶段是在线旅游的快速发展期。持续完善期（2009至今）：这一时期各种旅游垂直网站和点评网站开始兴起，加速了旅游行业的专业化分工，使得整个行业的竞争更加立体化、提供的服务更加细致化、旅游者的选择更加便利化[①]。

此外，也存在关于在线旅游发展阶段的不同划分。易观智库利用AMC模型（Agents、Manufacturers and Consumers）对在线旅游市场的发展阶段进行分析，将中国在线旅游市场划分为：探索期（1997—2003），市场启动期（2004—2006），高速发展期（2007—2017），应用成熟期（2018至今）。集奥聚合将在线旅游市场发展历程分为：探索期（1997—2001）、调整期（2002—2003）、回复期（2004—2006）、快速成长期（2007—2020）、成熟期（2020以后）。[②] 劲旅网转载的文章中提到，在线旅游的发展大致可以分为四个时期，从1999年携程、艺龙成立的萌芽期，到2003—2008年间的启动期，2009—2017年间的爆发期以及2018年之后的成熟期。[③]

总体来看，在线旅游发展的关键时间节点为2003年和2009年。2009年之前，携程是在线旅游的主力军，在行业内扮演着举足轻重的角色；2009年之后，中国

① 电子商务研究中心.【重磅】《2018年中国在线旅游“50强榜”》发布［EB/OL］.［2019-01-22］. http://www.citnews.com.cn/citnews/data/201901/92876.html.

② 中国在线旅游的发展历程深度分析_前瞻报告库_新浪博客［EB/OL］.［2016-10-21］. http://blog.sina.com.cn/s/blog_163995cb80102whlw.html.

③ 在线旅游20年的过去、现在和未来.在线旅游-劲旅网_中国旅游财经新媒体［EB/OL］.［2019-08-26］. http://www.ctcnn.com/html/2019-08-29/15565966.html#PPN=ot.

在线旅游高速发展，在线旅游企业百花齐放，当前携程系、飞猪系、美团系快速崛起，三足鼎立的格局形成。

（二）经营模式[①]

在线旅游企业众多，但是具体经营模式和所扮演角色存在差异，中国在线旅游企业按经营模式划分，主要有自营、代理、零售、供应商代工、动态打包。

自营顾名思义就是自产自营，从生产到服务一条龙。产品是在线旅游企业自主研发，资源是在线旅游企业自主采购，目前途牛的海外直采、携程自营都是这种做法。这样的经营模式优劣显著。优势是企业一条龙服务，产品和服务都是可控的，随着企业的发展壮大，容易在源头端形成自身的资源积累优势。此外，可以获得高额的佣金，利润可观。劣势是运营成本和客服成本较高，不是一般的小型企业所能承受的，同时包机、包房容易出现硬损，并且往往硬损的数额非常大。所以做自营业务需要很强的资金实力，而且投资回报周期较长，自营早期，一定程度的亏损几乎是不可避免的。

代理指的是资源供应商将产品提供给 OTA（Online Travel Agency，在线旅游代理商），由其来帮助自己运营。这里的运营包含订单咨询、售前售后服务，双方以成本加价模式合作。比如：代理的佣金率相对会高，服务由于是 OTA 统一提供，所以具有标准化的特点。但这种模式需要平台提供客服和运营成本，成单转化率比零售模式要低，主要是因为在对旅游产品的了解方面，商家更专业。

零售可视为一种新型的“淘宝”模式：OTA 提供平台，这个平台有巨大的流量入口，如同我们的商户入驻淘宝，平台收取交易佣金，供应商面对客户，为后者提供订单咨询、售前售后服务。这种模式，不论是对于供应商来说，或者是对在线旅游企业来说，都是负担较轻的，提升了产品的丰富性，方便顾客选择，能最大限度促进交易。比如：目前的飞猪、马蜂窝和美团，一般来说都是适合跨界进军旅游行业的电商企业。但是此模式佣金率较低，因为 OTA 不直接接触产品和资源，是一种轻运营模式，也面临供应商自己沉淀用户的风险。

供应商代工简称 OEM 模式（Original Equipment Manufacturer，代工生产模式）。供应商类似于代工厂，按 OTA 给出的标准，生产旅游产品并提供相关服务。OTA 有自身的品牌分区，满足 OTA 品牌需求，供应商也可以提供标准化的产品和服务，整合资源端。这种模式双方互惠互利，但它要求 OTA 对合作的供应商有一定的掌控力，对顾客群体有一定的吸引力，这样夹在中间的 OTA 才有能力将标准化、批量

---

① 在线旅游 20 年的过去、现在和未来．在线旅游－劲旅网＿中国旅游财经新媒体［EB/OL］. http://www.ctcnn.com/html/2019-08-29/15565966.html#PPN=ot，2019-08-26.

化的产品和服务提供给自己的客户，也有足够的筹码去找愿意合作定制产品的供应商。比如：统一 LOGO（标志）的大巴车、餐厅、导游和酒店等。

动态打包。随着用户的旅行经验不断丰富，其旅行需求不断多样化，自由行逐渐拥有较大的市场规模。此时需要在线旅游企业提供更多的自主选择，来满足旅游者的多样化需求。携程就可以提供机票、酒店、签证、目的地玩乐、接送机等单项资源给用户自身组合，用户自己打包旅游产品、规划旅游路线。动态打包和半打包依托在线旅游企业强大的后台资源系统，以此来保证提供给客户的机票、酒店需求匹配，价格准确，而且还需要有足够大的用户规模。现在业内真正能做动态打包的也就是携程，这需要足够强大的企业实力。

这种模式效率很高，如果整体实力具备，打磨好服务和品质，把握好产品供应和客户服务，容易形成自身的客户沉淀和品牌转化。尤其是相关在线平台如马蜂窝上面的商家，往往拥有很强的内容输出能力，资源商在目的地深耕多年，对目的地的了解和专业程度都超过 OTA。这种模式的盈利性非常可观。

以上便是 OTA 常见的经营模式，不同的 OTA 依据自身的能力、发展阶段选择适合自己的经营模式，但是很多时候一家 OTA 是多种模式并用，例如携程平台就同时存在这六种模式。

二、在线旅游发展特点

2020 上半年，受疫情影响，在线旅游交易额下降 50.9%。但随着疫情逐渐稳定，旅游行业亦逐步恢复。在线旅游月活跃用户在 2 月下降到 0.6 亿，而在 12 月却达 1.32 亿，恢复到上年同期的九成，新用户留存量达到 58%。交易额总体虽有所下降，但在线旅游资本市场较为活跃，多个投资案例超过 10 亿元，主要领域为在线住宿和在线旅游服务。在线旅游平台也积极作为，携程于 3 月推出“旅游复兴 V 计划”、美团也在 3 月开启“春风行动”、飞猪在 4 月启动“春雷计划”，平台通过各自的方式进行自救。一方面通过不断增强服务品质，比如酒店“安心住”“复工放心住”等吸引旅游者消费，另一方面通过“直播 + 预售 + 补贴”等方式，吸引旅游者“囤货”。

（一）携程、美团、飞猪“三国杀”

携程自 1999 年成立后，于 2015 年将艺龙、去哪儿收入麾下，同时入股同城艺龙，成为 OTA 行业老大。而美团从团购切入旅游市场，从被携程忽略的三四线城市开始，凭借自身的平台优势，以低频带高频逐渐向携程逼近。飞猪最早于 2009 年开始切入旅游领域，凭借阿里的生态优势，以及主打年轻人出境游的差异化定位，不断发展壮大。同时，携程深耕商旅用户，同程艺龙则是重点服务长尾用户，飞猪关注小资白领、美团聚焦低线城市的蓝领人群[①]。到 2019 年 1 月，携程系（携程 + 去哪儿）、飞猪系、美团系总市场占率分别为 51.9%、21%、6%，酒店市场市占率分别 55.6%、7%、21%；交通市场市占率分别 59.6%、18%、2%[②]，美团、飞猪凭借差异化的定位不断围攻携程的市场。

首先在高星酒店上，携程经过多年深耕，具有较强的优势。在 2020 年，最受关注的事件为携程的“BOSS 直播”以及美团的“团购 + 直播”在高星酒店市场的厮杀。美团近年来不断发力酒旅市场，通过区域性合作高星酒店不断布局全国市场，比如在 2018 年与华北地区的 9 家高星酒店进行合作，美团在 2019 年的间夜量就已经超过携程，而在疫情期间两家企业又通过不同的方式发力高星酒店市场。相比于中低端酒店，高星酒店客单价高、利润高。同时飞猪也不断利用自身的优势与高星酒店打通会员体系，与万豪、希尔顿、雅高等多个酒店集团达成合作，利用阿里生态优势不断赋能酒店，连接消费者和商家，在品牌营销和私域流量的构建上具有一定的优势。

而除去高星酒店之外，中国酒店存量市场约有 92 万家单体酒店，占比超过 85%，可触达的市场规模接近 1 万亿[③]。携程于 2018 年成立丽呈酒店发力单体酒店市场；美团在 2019 年上线“轻住”酒店品牌，利用技术赋能单体酒店，目前已覆盖 203 个城市，30 个省 / 区 / 直辖市，近 3000 家合作酒店[④]；而飞猪早在 2016 年成立的“未来酒店”则瞄向了中小单体酒店，在 2019 年又成立菲住酒店联盟发力中小单体酒店（见表 1-1）。而与菲住酒店联盟对标的则是携程的“YOYO 卡”以及美团的“大美卡”，菲住酒店联盟搭建了酒店与酒店之间的网络，通过分佣的方式盈利，权益主要集中在用户端；而携程的“YOYO 卡”以及美团的“大美卡”则是减佣和免佣，权益多集中在商家端，而目前三家之间没有排他性。

---

① 焦俊 . OTA 行业：知识分子红利驱动行业繁荣，竞争格局变数仍存［EB/OL］.［2019-01-17］. https://mp.weixin.qq.com/s/b-fA-CiI0cLcXqgAm50unQ.

② 焦俊 . OTA 行业：知识分子红利驱动行业繁荣，竞争格局变数仍存［EB/OL］.［2019-01-17］. https://mp.weixin.qq.com/s/b-fA-CiI0cLcXqgAm50unQ.

③ 每日经济新闻 . 飞猪成立菲住酒店联盟，万亿单体酒店市场战火升级［EB/OL］.［2019-12-19］. https://finance.sina.com.cn/chanjing/gsnews/2019-12-18/doc-iihnzhfz6751237.shtml.

④ 旅连连 . 轻住集团［EB/OL］. https://hub.traveldaily.cn/company/89286.

表 1–1　携程、美团、飞猪自有酒店

企业名称	酒店名称	市场	特点
携程	丽呈	一二线城市的高星酒店	管理交给酒店管理公司或拥有管理能力的业主方，同时通过 Rezen 移动端等技术不断赋能酒店，推动酒店供应链的升级。目前其旗下拥有超高端品牌丽呈华廷、高端全服务品牌丽呈、高端精品品牌丽呈睿轩三个品牌。
美团	轻住	单体酒店	为国内单体酒店提供线上线下的全面升级改造及运营管理服务，通过技术赋能助力单体酒店降本增效。
飞猪	未来酒店	单体酒店和区域性连锁酒店	提供品牌运营、技术支持、大数据联动等整体服务，并建立以互联网为核心的未来酒店品牌联盟，解决单体酒店连接互联网的问题。

三家企业不只局限于一面，同时也在向酒店的上游进行延展，投资相关酒店科技公司。携程于 2008 年收购中软好泰，2015 年中软好泰与原慧评网重组成立众荟信息技术有限公司，2018 年将众荟的中高端 PMS（Property Management System，酒店管理系统）业务（中软好泰系列 PMS、慧云 PMS）拆分为独立公司，纳入携程集团独立运作；而美团则于 2016 年战略投资 PMS 企业别样红，并于 2018 年全资收购别样红；飞猪早在 2014 年就入股了石基信息，并在 2017 年阿里投资部门（ALIBABA SJ INVESTMENT LIMITED，阿里 SJ 投资）收购了石基信息 38% 的股份；OTA 和旅游服务平台通过与酒店信息服务商的合作，在不断赋能行业的同时，也在不断地深入酒店市场。

综合来看，携程在酒店市场的优势在于供应链，大携程系（携程 + 去哪儿 + 同程艺龙）成立“赫程国际”酒店管理平台（E–booking），在酒店资源端形成垄断；而美团的优势在于低佣金、中低端酒店以及超级平台带来的客源交叉优势；飞猪的优势则在低佣金（软件服务费）以及阿里技术赋能实现的消费者和商家直连。短时间内美团和飞猪难以攻下携程的壁垒，但 OTA 平台的高佣金一直是酒店行业的痛点，同时美团和飞猪背后的平台优势也不可忽视。

在目的地方面，携程早在 2014 年就与近 20 家国内省市旅游目的地进行战略合作，同时深耕国内二三线旅游目的地，利用自身优势助力目的地的产品开发[①]；发力探索本地市场，在 2017 年推出全新的“玩转当地”频道。近几年携程也在不断布局境外市场，在 2017 年与匈牙利旅游局战略合作，开拓中东欧市场；2019 年与菲律宾旅游部长举行会谈，拓展东南亚市场；受疫情影响携程出海受阻，但从其 2020

① 环球旅讯 . 携程战略签约云南弥勒　深入二三线旅游目的地［EB/OL］.［2014–10–14］. https://www.traveldaily.cn/article/85262.

年“深耕国内，心怀全球”的战略中，仍能窥见携程出海的心思。而飞猪在 2016 年品牌升级时就主打年轻人的出境游；2016 年上线出境超市，后又推出“极光专线”“国家馆”等，利用内容不断深耕境外市场。

同时三家企业也利用自身的数据优势，赋能景区，助力智慧景区的发展。2015 年携程开启了携程智慧旅游，助力景区进行智慧管理、智慧服务以及智慧营销；与此同时，飞猪于 2015 年开启“未来景区”，依托于阿里生态，赋能景区，为景区解决高度依赖 OTA 和旅行社、营收模式单一等痛点，同时为游客解决在景区购票排队长、景区易迷路、难找厕所等问题，提升游客游玩体验，推动门票无纸化、电子化入园、智能导航等智慧景区发展；美团于 2016 年发布“旅游云”，不断与各家景区进行合作，助力景区信息化。而在疫情影响下，景区预约旅游成为常态，携程提出了智慧解决方案；而美团上线了景区旗舰店，打通会员体系，深入景区运营。

携程在大交通上的市占率仍旧比较高，但其在线机票市场由于后来者的加入，市场占有率有所下降①；飞猪不断与国际航司进行合作，并于 2019 年推出机票 0 首付分期买，尤其在疫情期间，飞猪推出“任性飞”活动，助力航司销售。

同程艺龙作为大携程系的一员，属于携程体系内的竞争。近几年在携程的供应链优势和腾讯流量的优势加持下不断发展，布局小程序端，深耕下沉市场，同时也不断与各大综艺节目合作，扩大品牌知名度。疫情之下，同程艺龙在 2020 年第一季度就实现了盈利。而马蜂窝也在不断探索从内容到交易的闭环，途牛则是在不断地亏损中，于 2020 年受到退市危机。目前在线旅游市场已经形成携程、美团、飞猪三分天下的局面，未来飞猪和美团能否通过自身的平台优势打破携程的壁垒，有待观察。

（二）旅游单项预订平台疫情之中求发展

乡村民宿受欢迎，深入内容运营。目前，国内主要民宿预订平台有爱彼迎、小猪、途家以及美团民宿，经过发展，四家民宿预订平台在逐渐占领市场。近两年，在乡村振兴战略的影响下，乡村民宿预订量不断增加，在 2021 年春节期间，京郊民宿入住率达到 90%，而 2020 年暑假和十一黄金周的入住率亦高达 80%②。疫情之下，民宿平台受到影响，但其通过与飞猪、抖音、小红书等多个平台合作，利用直播等

① 焦俊 . OTA 行业：知识分子红利驱动行业繁荣，竞争格局变数仍存［EB/OL］.［2019-01-17］. https://mp.weixin.qq.com/s/b-fA-CiI0cLcXqgAm50unQ.

② 新京报 . 告别单一与高价？业内人士预测今年乡村民宿将迎“大爆发”［EB/OL］.［2021-02-24］. https://baijiahao.baidu.com/s?id=1692562174070056172&wfr=spider&for=pc.

方式助力恢复。疫情期间，直播成为旅游行业自救的方式，爱彼迎、途家、小猪等平台都推出直播活动，但在内容上布局较深的则是小猪，目前小猪已与小红书、飞猪进行合作，不断拓展市场。

疫情带动国内租车市场发展。受疫情影响，自驾游、小团游等成为发展趋势，而这带动了国内租车市场的发展。携程于2020年6月发布了“2020国内租车复兴加盟政策”，不收加盟费、不限规模、阶段性返佣，从而在2020年5月携程租车订单就已经恢复到上年同期水平。国内租车平台也纷纷推出优惠政策，原本专注国外租车业务的也纷纷转向国内。

（三）“新”加入者，私域优势明显

近年来，旅游边界不断模糊。抖音、快手、小红书、拼多多等“新”加入者不断深入旅游领域。抖音、快手用户量庞大，且平台内容丰富，在旅游目的地营销上的优势显而易见，大唐不夜城、重庆洪崖洞、张家界等地在两大短视频平台上获得了不少的关注度；小红书挖掘内容种草；拼多多从在线出行开始不断深入旅游领域。抖音、快手、小红书均为内容平台，通过大量的头部达人KOL（Key Opinion Leader，关键意见领袖）和腰部达人KOC（Key Opinion Consumer，关键意见消费者）向其粉丝种草。KOL的粉丝量庞大、影响力强；KOC粉丝量和影响力都较小，但与消费者的距离更近，其生产的内容更加生活化，但两者均具有明显的私域优势。

小红书直连民宿预订。小红书平台拥有大量的图文内容和短视频内容，同时具有直播的功能。平台拥有大量的KOC，与KOL相比，KOC粉丝量较少，但是与消费者关系更近，同为消费者的种草更具可信度。小红书的“种草”具有强大的优势，目前平台主要上线了民宿预订，与小猪和订单来了进行合作，直连民宿预订。

抖音、快手布局本地生活。抖音和快手主要内容为短视频和直播，其中抖音用户主要为一二线城市的年轻人群，主要将流量倾向于头部达人KOL，而KOL具有大批量的粉丝；快手的用户主要是低线城市的人群，追求公平普惠，不仅仅是KOL，平台将流量照顾到每个人，“老铁”是快手的一种文化，是用户之间的一种亲昵称呼。抖音于2019年以民宿季活动切入旅游业，后又上线民宿预订、门票预订以及酒店预订等功能，可以跳转第三方平台完成交易。而在2021年，抖音不断布局本地生活。抖音上线“山竹旅行”，从种草到购买都可以实现，同时还推出了“榜单”等功能，但其供货商主要为抖音的商店，第三方平台角色在逐渐减弱。此外，抖音与云掌柜合作布局大理民宿预订，并将大理其他平台的民宿资源下架；而

快手则是直接在侧边上线了本地生活功能，进入本地生活后，快手会推荐相应的内容，与此同时快手也不断和去哪儿、同程艺龙以及携程等 OTA 平台进行合作，发力直播。

拼多多布局在线出行。拼多多的“拼”，通过拼小圈将社交圈子凝聚起来，尤其是在春节时期的“摇一摇”，通过发放用户的面对面摇一摇活动红包，在微信提现，具有非常强的互动性和社交属性。在社交之外，通过砍价活动等将商品推荐给用户的私域流量，进而转化为品牌的公域流量。目前，拼多多以火车票入局旅游业，后与多家航司进行合作，而目前华住集团也入驻拼多多平台。

显而易见，“新”加入者用户量庞大，日活跃用户多；且目前短视频、直播以及图文等形式的内容营销具有很大的优势，更加符合新一代年轻人的特点；此外其 KOL 和 KOC 在私域上的优势明显。在流量之外，“新”加入者强调的是变现，而对于商家来说，撇开交易量，其在宣发上的优势具有很强的诱惑力；对于用户来说，内容形式更加容易接受。但与 OTA 相比，“新”加入者在供应链上存在不足，不可忽视。

第三节　在线旅游发展趋势

一、下沉化

目前，携程系对下沉市场的布局越来越清晰，一是携程大力发展自身线下门店的方式，品牌门店已覆盖 240 多个地级市、450 多个县域城市[①]；二是去哪儿的市场下沉，去哪儿的新用户近一半来自三线及以下城市[②]；三是同程艺龙的市场下沉，同程艺龙在疫情之前就已经布局低线城市，疫情期间在下沉市场的利好下，同程艺龙实现盈利[③]。同时，美团的“轻住”以及飞猪的“菲住酒店联盟”都在关注下沉市场。而下沉市场仍旧有较大的市场空间，2020 年下沉市场人口总量超 10 亿，城镇

---

① 36 氪 . 业绩快报丨携程二季度财报：国际业务贡献大，下沉市场正发力［EB/OL］.［2019-09-10］. https://baijiahao.baidu.com/s?id=1644260990182747655&wfr=spider&for=pc.

② 新京报 . 携程发布 Q3 财报：净营收 55 亿元　旗下产品强化下沉市场布局［EB/OL］.［2020-12-02］. https://baijiahao.baidu.com/s?id=1684928388519105539&wfr=spider&for=pc.

③ 资本侦探　婷婷 . 穿透同程艺龙 Q1 财报，看 OTA 在疫情中的下沉与进化［EB/OL］.［2021-05-19］. https://www.traveldaily.cn/article/145483.

及农村人口占比各半[①]，且在线旅游 APP 在三线及以下城市用户安装率仅为 18%，仍具有较大的增长力[②]。

二、内容化

2020 年，“直播”成为旅游行业的热词。携程由 3 月 23 日开启“BOSS 直播”，随后通过“BOSS 直播”“周末探店”“境外本地”直播三个模块进行直播，取得了不错的成绩；而飞猪则是通过飞猪官方直播间进行日播 + 周三的 BOSS 直播持续发力；美团是在团购的基础上开启了“一千零一夜”的直播。

对于内容，几家企业早有布局。携程最初是游记和旅游攻略社区的搭建；在 2017 年上线旅游直播频道，试水泛娱乐直播；2018 年上线“旅拍”。而飞猪则是通过内容发力出境旅游市场，也推出过头条功能，同时在 2016 年开启直播功能之后于 2019 年“双 11”获得了不错的成绩。疫情期间，旅游直播帮助旅游消费者缩短了决策时间，但消费者在直播时会有一定的冲动消费，且相比美妆、服饰等行业来说，旅游属于低频消费，在预售之后消费者可能改变行程，后续的退货率是需要考虑的问题。目前携程推出了“星球号”发展内容，飞猪则在未来发力商家品牌旗舰店、飞猪官方直播间、淘内淘外达人生态三大内容产品，综合输出图文、短视频、直播等多样化内容。

三、年轻化和本地化

随着时代的发展，年轻用户逐渐成为消费主力军。而 Z 世代（Generation Z，泛指 1995—2009 年间出生的一代人。）的用户更加追求新奇化、个性化的旅游服务体验。2020 年，约四分之一的在线旅游需求来自 Z 世代，且其人均旅游消费金额不断上升，目前为1359.7元[③]，疫情之下个人旅游预算不降反升[④]。同程旅行启动了“Z 世代旅行家”计划发力这个增量市场，未来 Z 世代成为消费主力军，培养 Z 世代的消费习惯成为平台考虑的一面。

在疫情影响下，出境游受到影响，需求转向国内，周边游需求被激发。促进

---

① Trustdata 大数据 . 2020 年中国下沉市场电商行业发展洞察分析 [EB/OL] . [2020-10-07] . https://mp.weixin.qq.com/s/v4JDFwoYezviB9z7OEprEQ.

② Fastdata 极数 .2020 年中国在线旅游行业报告 [EB/OL] . [2020-10-07] . http://www.ifastdata.com/article/index/id/616/cid/2.

③ Fastdata 极数 .2020 年中国在线旅游行业报告 [EB/OL] . [2020-10-07] . http://www.ifastdata.com/article/index/id/616/cid/2.

④ 金融界 .《Z 世代旅游报告》发布：国内游需求强烈　旅行预算不降反升 [EB/OL] . [2020-07-02] . https://baijiahao.baidu.com/s?id=1671099516860286176&wfr=spider&for=pc.

“本地人游本地”成为疫情期间旅游业的呼声，而 2021 年春节留在本地过年，也提高了用户对本地生活的搜索量。在 2021 年，有超过一半的用户有周边游的计划[①]。美团本身在本地生活上具有强大的优势，而携程疫情前就上线了“玩转当地”布局本地市场，抖音和快手等平台也开始布局本地市场，未来激活本地市场、打造主客共享会是一个趋势。

① Fastdata极数.2020年中国在线旅游行业报告［EB/OL］.［2020-10-07］. http://www.ifastdata.com/article/index/id/616/cid/2.

第二章 OTA发展

第一节 2020 年 OTA 发展概述 ①②

2020 年，在线旅游行业受疫情影响巨大，一季度，各平台几近停摆，交易规模与交易额均出现大幅度下滑。随着疫情的稳定，三季度以来，在线旅游行业开始复苏，以携程、同程艺龙为首的在线旅游平台业绩逐渐恢复。与此同时，受疫情影响，在线旅游行业衍生出多种营销模式，如各企业 BOSS 跨界直播，带动行业收入增长，部分平台开始在一定程度上放弃持续受疫情影响的国外市场，加码下沉市场。

综合来看，各大 OTA 发展呈现以下特点：

一、受疫情影响显著：普遍亏损，部分盈利，Q3、Q4 缓慢恢复 ③

联合国世界旅游组织于 2021 年 1 月份表示，新冠疫情导致全球旅游人数大幅减少，2020 年全球旅游业收入损失 1.3 万亿美元。2020 年年初的疫情导致在线旅游市场受到冲击，交易规模大幅下降；各 OTA 面临大规模退票，出境旅游停摆，加上防疫措施限制，出游人群减少导致业务停滞；酒店商家订单量下降，支出压力巨大，

① 蓝鲸 TMT. 2020 年度盘点 | OTA 行业逐渐复苏，“旅游 + 直播” 成标配，下沉市场潜力凸显［EB/OL］.［2020-12-17］. https://mp.weixin.qq.com/s/z9rW9_datuu1rNBNcdyaQA.

② 21 世纪经济报道 . 谋变与交锋——后疫情时代下 OTA 迎中场战事［EB/OL］.［2021-03-26］. https://finance.sina.com.cn/tech/2021-03-26/doc-ikkntiam8705886.shtml.

③ 电子商务研究中心 . 三家 OTA 年报点评：携程努力　同程给力　途牛吃力［EB/OL］.［2021-03-26］. https://mp.weixin.qq.com/s/UYWPgkliocVSE9zVvkKsmg.

最终带来现金流压力，一、二季度普遍亏损。企查查数据显示，2020 年 1 月至 5 月，我国旅游相关企业共注销和吊销了 3 万家。易观数据显示，2020 年上半年，中国在线旅游市场交易规模为 1529.7 亿元，同比下滑 71.2%。

随着国内疫情防控形势持续向好，跨省游开放，十一期间在线旅游市场出现显著性复苏，各 OTA 三、四季度缓慢恢复盈利。据文化和旅游部报告，十一“黄金周”期间，全国共接待国内游客 6.37 亿人次，按可比口径同比恢复 79.0%；实现国内旅游收入 4665.6 亿元，按可比口径同比恢复 69.9%。

从财报数据来看，携程、途牛分别净亏损 32.7 亿元、13.08 亿元，同程艺龙盈利 9.5 亿元；从恢复情况来看，途牛恢复了 19.7%，同程艺龙的收入恢复至 2019 年的 80.2%，其中四季度恢复了 92.7%。可以看出，市场下沉战略使得同程艺龙成为疫情期间为数不多盈利的在线旅游企业。此外，在用户量方面，同程艺龙 2020 年的 MAU（Monthly Active Users，月活跃用户，也可称为月活用户）已经恢复至疫情前水平，而用户的付费率比 2019 年同期提高了 1.4%，为历史第二高年度。

当疫情造成企业营收端下降时，开源节流成为众 OTA 共同的选择。财报显示，携程 2020 年的产品开发费用、销售费用、管理费用分别为 76.67 亿元、44.05 亿元、36.36 亿元，较 2019 年同比下降 28%、53%，以及增长 11%；同程艺龙产品开发费用、销售费用、管理费用分别为 0.65 亿元、12.46 亿元、21.31 亿元，同比分别下降 39%、18%、5%；途牛产品开发费用、销售费用、管理费用分别为 1 亿元、3.72 亿元、11.09 亿元，较 2019 年下滑 67%、60%，以及增长 48%。上述数据显示，由于疫情导致订单量减少，OTA 企业均在 2020 年降低了广告等推广费用的投放，因此各家的销售费用不同程度地减少。在管理费用（该费用一般指向公司的行政开支）方面，携程、途牛在 2020 年都有所上升。

二、疫情期间迅速响应，积极作为

回顾整个 2020 年，疫情期间，各 OTA 企业体现出强烈的社会责任感，在积极响应文化和旅游部相关号召的同时，不断完善用户保障权益，并积极自救，盘活市场。

1—2 月，疫情大规模暴发，在线旅游用户纷纷取消出游计划，各平台积极响应文化和旅游部相关号召，出台“无损退订”等政策，完善旅游用户权益保障。

3—5 月，随着疫情得到有效控制，市场逐步解冻，各大综合旅游预订厂商纷纷入场直播，推出自家的相关产品与服务，刺激用户旅游消费。

7 月旅游业态迎来跨省游恢复利好，国内旅游行业开始进入解冻期、回暖期，然而受学校政策规定影响，暑假游、亲子游市场没有迎来预计的“报复性消费”。与此同时商家急于找到吸引客户、增加客流的方法，于是纷纷强化与 OTA 平台的合作，一方面利用 OTA 平台流量，积极推出各类预售产品，提前锁定未来重归增长期的潜在客群，另一方面也借助 OTA 平台数据与营销资源，通过更精准的营销、更高的转化率来“快速回血”。而 OTA 平台则着手于流量供给，在线下增量市场拓展受阻的同时，积极拓展线上流量池，拓宽线上获客渠道。

国庆中秋双节期间，在疫情逐步缓解、国内景区开放力度加大、境外出行暂未全面放开等一系列因素重叠影响下，此次长达 8 天的假期成为 9 个多月以来旅游需求的集中释放期，旅游复苏迹象明显。众多省市推出促进旅游发展的利好政策和优惠措施，在线旅游公司纷纷启动大规模补贴计划，游客外出旅游的消费信心在提升，OTA 平台的运营逐步恢复常态，各 OTA 平台也在三、四季度实现小幅亏损或扭亏转盈。

三、加速市场下沉速度，提高线上化率

受疫情影响，OTA 平台业务开始由海外向国内转移。在海外旅游市场停滞的状态下，OTA 企业均看中了下沉市场的增量，在部分放弃国际业务的情况下，纷纷布局下沉市场。前瞻研究院数据显示，2020 年疫情影响或加速在线旅游平台市场下沉速度，用户规模依旧保持稳定增长。2020 年中国在线旅游用户规模预计约为 4.32 亿人，同比增长 4.6%。

而下沉市场的优势亦体现在了 OTA 平台的财报数据中。同程艺龙三季度财报显示，同程艺龙在微信平台上的新增付费用户中约 67.2% 来自中国三线或以下城市，较 2019 年同期的 63.3% 有所增加。而在交易层面，2020 年第三季度，同程艺龙的酒店间夜量在低线城市同比增长近 30%。

当下沉市场成为同程艺龙“第二增长曲线”时，携程也在下沉市场有所斩获。携程 CEO 孙洁介绍，目前，携程新增用户有 40% 来自三线及以下城市。交通已经成为携程获客的有力渠道，并进一步交叉销售到其他产品。

此外，提升线上化率也成为显著趋势。事实上，近两年用户逐渐意识到在线订购旅游产品、机票、酒店、景区门票等更为便捷，旅游行业在线率日渐增长。此前艾瑞咨询数据显示，截至 2018 年 12 月，中国在线旅游市场的在线化率已经达到 36.9%，预计 2020 年可以达到 43.4%。疫情期间，在线预订业务“无接触、便捷”的优势凸显，从侧面加速了行业线上化率的提升。疫情发生前，下沉市场的线上渗透率远低于一、二线城市，对于旅游这样客单价较高的家庭消费，低线城市消

费者更习惯于通过线下场景购买。而疫情的发生在一定程度上抑制了线下场景的消费，促使消费者消费习惯向线上迁移，线上买菜、直播购物等成为家喻户晓的消费方式，线上渠道价值凸显。因而线上获客也重新成为 OTA 争夺焦点，旅游市场在线化率进一步提升。

四、技术赋能旅游行业，数字化成普遍趋势①

当前，以互联网为代表的现代信息技术持续更新迭代，为旅游业高质量发展提供了强大动力。为坚定不移建设网络强国、数字中国，持续深化“互联网 + 旅游”，推动旅游业高质量发展，更好发挥旅游业在促进经济社会发展、满足人民美好生活需要等方面的重要作用，助力构建以国内大循环为主体、国内国际双循环相互促进的新发展格局，2020 年 11 月 30 日，文化和旅游部等十部门联合印发《关于深化“互联网 + 旅游”推动旅游业高质量发展的意见》。

《意见》明确发展目标，到 2022 年，“互联网 + 旅游”发展机制更加健全，旅游景区互联网应用水平大幅提高。建成一批智慧旅游景区、度假区、村镇和城市。线上线下旅游产品和服务更加丰富，个性化、多样化水平显著提升。全国旅游接待总人数和旅游消费恢复至新冠肺炎疫情前水平，旅游市场大数据监管和服务能力进一步增强。到 2025 年，“互联网 + 旅游”融合更加深化，以互联网为代表的信息技术成为旅游业发展的重要动力。国家 4A 级及以上旅游景区、省级及以上旅游度假区基本实现智慧化转型升级。依托网络平台的定制化旅游产品和服务更加普及。全国旅游接待总人数和旅游消费规模大幅提升，对境外游客的吸引力和影响力明显增强。

《意见》提出了八大重点任务：加快建设智慧旅游景区、完善旅游信息基础设施、创新旅游公共服务模式、加大线上旅游营销力度、加强旅游监管服务、提升旅游治理能力、扶持旅游创新创业、保障旅游数据安全。

五、流量为王的时代

事实上，OTA 平台的流量争夺战在近几年来从未休止，从线上自身平台到线下门店，从酒店到景区等垂直领域，从补贴优惠到收并购，再到如今的新一轮“流量争夺战”里，OTA 平台们再次聚焦线上，纷纷入驻电商、社交等流量平台，重返线上寻求新增流量。2020 年的疫情让很多游客中断旅游计划，各大旅游企业的流

① 中华人民共和国文化和旅游部. 关于深化“互联网+旅游”推动旅游业高质量发展的意见（全文）[EB/OL]. [2020-11-30]. http://zwgk.mct.gov.cn/zfxxgkml/zykf/202012/t20201225_920085.html.

量都出现不同程度下降，于是“流量”更加成为旅游企业的重要课题，“BOSS 直播”“百亿补贴”等营销方式层出不穷。但与此同时，流量被各类平台瓜分，如微信公众号、抖音、头条、小红书、视频号、直播等，呈现碎片化，这也为 OTA 瓜分流量增添了难度。

“流量争夺战”背后，是 OTA 平台面对疫情的积极自救。以携程为例，年初疫情给携程平台流量与订单量造成重大损失，2020 年一季度营收同比下降 42.05%，净利润同比下降 216.04%，携程股价下跌近 30%，到 3 月中下旬才缓步回升。携程诸多自救方式中，直播不得不提，自 2020 年 3 月底，携程董事局主席梁建章第一次高调出现在公众面前，进行每周一次的 BOSS 直播，之后携程的直播逐渐成体系。截至 2020 年末，携程直播已进行 118 场，带动携程预售成交总额超 40 亿元，参与粉丝数千万，为千家高星酒店带货超百万间夜，产品核销率超过 50%，此外还有探店直播以及平台策划的各类主题直播。直播所带来的庞大流量帮助携程在旅游企业最艰难的一年稳住基本盘。

六、OTA 纷纷加入直播大军

受疫情影响，今年在线旅游业掀起了一股 BOSS 直播带货风潮，包括携程联合创始人、董事局主席梁建章、去哪儿网 CEO 陈刚、同程集团吴志祥在内的 OTA 平台 BOSS 们纷纷走进直播间带货，以此提振旅游市场信心。在线旅游头部玩家的直播均以带货为主流，主要产品为性价比较高、标准化程度较高的酒店套票、酒 + 景以及“随心飞”产品。

携程在直播业务上先声夺人。自 2020 年 3 月起，携程以梁建章为 IP（Intellectual Property，知识产权），打出“BOSS 直播”的招牌，梁建章亲自参与直播策划，结合目的地特色共打扮成包括唐伯虎、海王及邓布利多在内的 37 个人物。

而美团、飞猪、途牛、马蜂窝等也已开始直播业务。美团推出“一千零一夜”旅行直播；飞猪推出博物馆云游直播、“随心飞”直播；途牛推出“产品日”直播；驴妈妈旅游推出百位县长直播带货；去哪儿网 CEO 陈刚首次在快手直播间直播带货，在长达 2 小时的直播过程中，观看人数累计达到 383.5 万，互动人次突破 150 万，并拿下 1605 万元交易额；马蜂窝旅游发起“云旅游”，联合各大旅行达人、目的地、景区及平台商家，通过高频次的视频直播、图文直播等方式，将最具代入感的旅游玩乐体验展示给用户；同程艺龙与快手达成了战略合作，实现疫情期间“OTA+ 短视频”的大规模合作。

七、内容深耕

2020 年以来，各个 OTA 平台均在深耕内容。携程、马蜂窝、穷游，甚至小红书、抖音、快手等在线旅游及互联网企业都在生活方式内容领域有着不同程度的布局或升级，试图通过内容引导用户的旅行决策权。

最典型的是携程，在 2020 年 10 月 28 日的携程全球合作伙伴大会上，携程宣布深耕国内，其中深耕内容为重要一环。据悉，携程直播矩阵下一步将带动旅游业商家一起产出内容、变现内容；同时，携程的直播、点评、攻略、游记和旅拍等内容线也将再度整合，构建大内容防线。

靠社区攻略起家的马蜂窝是推动内容化最积极的旅游平台。2020 年 7 月，马蜂窝推出“安心游”攻略，为游客提供出游所需的信息资讯和旅游产品。此外，马蜂窝推出首个固定时间的旅游直播栏目“深夜博物馆”，此后又相继推出“味蕾环游记”“老街图鉴”和“圣地巡礼”三档旅游直播栏目，栏目化运营的旅游直播优质率是其他旅游直播的两倍。十一黄金周期间，马蜂窝根据旅游者对目的地“人少安全”的旅游需求，发布了 100 个中国“新秘境”城市和景区。2020 年 11 月 27 日，马蜂窝再次打破冬季旅游淡季屏障，基于马蜂窝旅游大数据，结合用户内容推选出了 50 个适合冬季出游的国内景区景点，为中国游客的冬季旅游提供参考。

称自己不是 OTA 而是 OTP（Online Travel Platform，在线旅游平台）的飞猪，计划未来三年，培养 3000 个有辨识度的旅行行业达人，打通 3 万个全域合作的明星和达人。2020 年 11 月 18 日，一年一度的飞猪旅行商家大会上，飞猪称随着 95 后成为旅游消费主力人群，内容化能力成为面对新需求的必备能力。未来三年，飞猪将进一步强化三大内容化产品，即商家品牌旗舰店、飞猪官方直播间、淘内淘外达人生态，综合输出纯文字、图文、短视频、直播等多样化内容，提升商家的内容引导成交能力。

2020 年 6 月，拼多多试水 OTA 业务，相继推出了多多火车票、多多机票等业务。同年 11 月，拼多多全面上线了旅游出行业务“多多旅行”。与此同时，百亿补贴专区也上线了旅游类目及产品，主打特惠、低价策略，目前已有春秋旅游、齐乐游与华住等多家商家入驻，覆盖机票、酒店以及跟团游等多项 OTA 业务。

小红书则推出了“Red City 城市计划”，通过“网红打卡”旅游达人的图文分享种草旅游城市网红景点与特色民宿。此外，抖音平台也通过直播与短视频等形式宣传网红城市。

疫情期间，政策引导、出行意愿、产品营销、服务保障等都是旅游业复苏的重要影响因素，各 OTA 企业在“旅游业历史上最黑暗的一年”积极作为，捕捉游客需求变化，提升服务质量，通过多种策略积极自救。

携程的营销平台转型策略，预示着这艘 OTA 巨舰，打出了内容大旗，携程想要掀起一场“内容革命”，实现从 OTA 传统的交易平台向营销平台转型；同程艺龙在持续下沉战略的同时，坚持通过“ITA 战略”（Intelligent Travel Assistant，智能出行管家）转型，表明其想借助数字技术、大数据等手段拓宽产业链；体量有限的途牛选择专注精细化服务，走“小而美”路径，精细化产品策略，将目标客户群体细分，努力钻研度假游市场，通过动态产品组合来满足不同需求。

刚刚过去的 2020 年，是中国在线旅游第三个 10 年的开端。这个开端很艰难，但也让飞速运转的旅游业开始深入思考内容与流量、GMV（Gross Merchandise Volume，成交总额）与服务之间的关系，深入观察和总结游客真正需要的旅行内容和服务是什么。

2021 年，“涅槃”之后的旅游业后劲十足。2021 年乃至未来的两三年，整个行业会深耕产业链，旅游产业会加速互联网化，旅游消费决策的效率也会被产业互联网重塑。一方面，用户越来越需要专业、高效的旅行玩乐内容，省时省力省心，这就要求旅游平台要有做出好内容的能力。另一方面，从内容到服务，环环相扣，不可分割，要充分利用内容和数据提升旅游产品和游客极致体验，并实现真正的闭环。纵观历史上那些不平凡的年份不难发现，危机与机遇总是并存，危机也是企业成长最强大的推动力。

第二节　携程

一、发展概述

（一）企业简介与市场规模[①]

携程旅行网创立于 1999 年，总部设在中国上海，员工超过 30 000 人。目前公司已在北京、广州、深圳、成都、杭州、南京、厦门、重庆、青岛、武汉、三亚、南通等 95 个境内城市，新加坡、首尔等 22 个境外城市设立分支机构，在中国南通、

① 携程网机票预订，网上订机票，酒店旅游度假概况【携程旅行网】http://pages.ctrip.com/public/ctripab/abctrip.htm.

苏格兰爱丁堡设立服务联络中心。

2010 年，携程旅行网战略投资台湾易游网和香港永安旅游，实现海峡两岸业务互通。

2014 年，携程投资途风旅行网，将触角延伸至北美洲。

2015 年，携程战略投资艺龙旅行网，并与百度达成股权置换交易，完成对去哪儿网的控股；同年，携程首次被评为中国最大旅游集团，并跻身中国互联网企业 10 强。

2016 年 1 月，携程战略投资印度最大旅游企业 MakeMyTrip，并在新加坡成立了东南亚区域总部。同年 10 月，携程加大对北美洲地区的投入，与纵横、海鸥、途风达成合作。11 月，携程投资英国机票搜索平台 Skyscanner（天巡），完成了对海外机票市场的布局。自此，携程完成全球化的相关业务布局。

作为中国领先的综合性旅行服务公司，携程成功整合了高科技产业与传统旅行业，向超过 3 亿会员提供集无线应用、酒店预订、机票预订、旅游度假、商旅管理及旅游资讯在内的全方位旅行服务，被誉为互联网和传统旅游无缝结合的典范。

凭借稳定的业务发展和优异的盈利能力，CTRIP（携程旅行）于 2003 年 12 月在美国纳斯达克成功上市，上市当天创纳市三年来开盘当日涨幅最高纪录，目前市值超过 230 亿美元。今日的携程，是在线旅行服务行业领头羊，连续四年被评为中国第一旅游集团，目前是全球市值第二的在线旅行服务公司。

至 2020 年底，携程旗下有约 6000 家线下门店布局中国 300 多个城市，同时正向国内二三线城市扩张。这一数据虽然比疫情前的高峰期（7000 多家）有所减少，但已经是疫情后旅行社门店体量最大、存留数量最多的一家。

在全球范围内，截至 2020 年 12 月 31 日，携程提供全球 480 多家航空公司的航班，覆盖全球 200 多个国家和地区的 2600 多个机场；全球范围内提供超过 31 万项目的地玩乐活动；通过 Trip.com 提供的产品和服务，覆盖 20 种语言和 31 种当地货币；携程集团子公司 Skyscanner 在全球 52 个国家和地区提供超过 30 种语言的产品和服务。2020 年携程超过 40% 的国内新客户来自三线以下城市，交通票务已成为携程获取新用户的重要渠道。

携程旅行网与全球 234 个国家和地区的 34.4 万多家酒店，国内国际各大航空公司，及近 20 家海外旅游局和 16 家国内旅游局等上下游资源方进行深入合作，还与超过 300 家金融机构和企事业单位达成合作。

2020 年 10 月 29 日，携程集团执行副总裁、旅游事业部 CEO 杨涛在“携程 20 周年盛典暨第二届全球合作伙伴峰会”上表示，随着业务创新和平台开放，目前携程旅游提供的产品和服务扩充到三大类 20 大项，可以一站式解决旅行者的各类需求：一是包价类，提供完整的出行方案，包括跟团游、定制游、自由行套餐、邮轮、主题游、高端游；二是单项类，提供全面的目的地体验，包括门票、一日游、玩乐、专车、租车、船票、汽车票、通信、向导、购物等；三是其他支持业务与服务，包括签证、保险、外币兑换、微领队。

最近一年来，携程将平台所有旅游业务开放加盟，每月超过千家供应商申请入驻。目前携程平台触达全球旅游合作伙伴，在供应端，包括 25 000 多家旅行社，产品覆盖全球 100 多个国家、20 000 多座城市，中小供应商占比超过 80%；包括 7000 多家各类资源供应商，包含邮轮、门票、车船、通信等门类，提供各类旅游相关资源。还有 10 000 多位定制师、当地向导、微领队等个体服务人员。在销售端有 7400 多家（新冠肺炎疫情前）携程旗下门店，32 000 多名门店销售人员，覆盖国内 290 多个地级市、382 个县和县级市。①

（二）2020 年财报分析

2021 年 3 月 16 日，携程（纳斯达克股票代码：TCOM）公布的 2020 年财报数据显示，在疫情冲击下，公司实现 GMV3950 亿元；全年实现营收 183 亿元，同比下降 42%；归属于集团股东的净亏损为 32 亿元（2019 年同期净利润为 70 亿元）；连续 3 年稳居全球在线旅游业第一，Q4 毛利率达 82%，创造连续 11 个季度以来的新高。

将营收细分来看，2020 年携程总收入中大约有 39%、39%、7%、5% 和 10% 来自住宿预订、交通票务、打包产品、差旅，以及其他产品和服务。

变化情况如下：

2018 年、2019 年和 2020 年，携程酒店预订业务收入分别为 116 亿元、135 亿元和 71 亿元（合 11 亿美元），分别占营收的比例为 37%、38% 和 39%。

2018 年、2019 年和 2020 年，携程交通票务业务收入分别为 129 亿元、140 亿元人民币和 71 亿元人民币（11 亿美元），分别占公司总收入的 42%、39% 和 39%。

从全年业绩来看，携程在第一、二季度饱受疫情冲击，从第三季度开始走向复苏，并实现首个季度盈利；得益于国内酒店和机票业务的增长、地面交通和其他国内旅行产品的持续复苏，第四季度的业绩恢复趋势进一步增强，营收同比降幅从三季度的 48% 收窄至 40%，且延续了上个季度的盈利态势，归属携程集团股东的净利润为 10 亿元人民币。

① 携程黑板报.携程20年|旅游发布平台化成果和新战略，携手合作供应商“出海”[EB/OL].[2019-10-29]. https://www.sohu.com/a/350457336_99905033.

从企业股权来看，年报显示，携程高管总体持股比例为6.7%，百度是最大的机构投资人，持有11.5%的股份。2020年，作为大股东的携程，向途家网提供3.4亿元贷款，贷款利息700万元，还款期限为15至18个月。

综上，尽管疫情对旅游业造成前所未有的冲击，但却并未动摇携程主业的根基。在2020年第四季度保持盈利的态势下，携程主营业务各具亮点。第四季度，携程国内机票收入保持同比正增长，国内酒店GMV保持同比正增长，中高星酒店预订延续了两位数的增长，领先行业平均水平15%~20%。此外，国内短途和本地旅行也成为携程业务复苏的关键驱动力。2020年第四季度，省内酒店GMV与上年同比增长超过20%，景区门票和当地玩乐的预订量接近翻倍，短途和本地旅行的出色表现一直延续到2021年春节假期。2021年春节期间，携程平台上省内酒店GMV继续保持20%以上的增长，本地景点门票和当地玩乐产品预订量增长超过200%，“机票＋酒店”等组合产品的平均消费同比出现显著增长。值得注意的是，携程对于供应链的深耕也取得显著成效，在旅游度假板块，截至2020年年底，携程当地玩乐供应商数量同比增长超过25%。

二、发展动态[①]

（一）疫情期间推出“同袍”计划，展现企业社会责任感

2020年2月5日，携程向其平台上的机票、酒店、旅游度假等领域合作伙伴宣布推出“同袍”计划，包括9项具体措施，投入10亿元合作伙伴支持基金和100亿元额度小微贷款。

酒店方面，携程预计投入亿级营销资源和专属标签回馈“安心取消保障”计划参与酒店，并对部分酒店及产品佣金给予6个月至12个月的减免措施。

在金融支持方面，携程金融分别针对酒店和旅游供应商推出经营贷、程信链产品，携手多家银行合作伙伴，为携程平台商户提供不少于100亿元额度规模的小微贷款。携程同时免费开放了“携程大学”“携程酒店大学”“携程旅游学院”等2000门精品课程。

而针对旅游度假平台团队游供应商，则减免其春节前投入的广告推广费用和春节期间订单的交易佣金，退还至少3个月平台系统使用费。另外，还为其承担春节退订订单中无法减损的机票、酒店、签证、用车及地接资源费用，并结合携程平台争取到的资源方政策为供应商尽力减损。

① 电子商务研究中心 . 2020年携程十大事件［EB/OL］.［2020-12-23］. https://mp.weixin.qq.com/s/_pJRn-bJg8OfO3HzZt3qeA.

表 2-1 携程抗疫措施汇总

携程抗疫措施汇总	
时间	抗疫措施
1月21日	携程针对疫情推出多项保障措施
1月26日	携程升级重大灾害保障金至2亿元
1月27日	携程宣布先行垫付国际酒店退订费用
1月29日	携程启动门店关怀计划
2月2日	携程延期全球酒店“安心取消”保障至2月底
2月5日	携程推出“同袍计划”10项措施投入10亿元支持基金
2月11日	携程租车推出2000辆“抗疫”公益用车
2月13日	携程发布中小旅游企业支持计划
2月17日	携程推出“健康守护联盟”6大举措
2月19日	携程免费开放3000家景区语音导览服务
2月28日	携程再推出贷款贴息政策，从现金流上帮扶门店

资料来源：网经社。

（二）启动“旅游复兴V计划”

2020年3月5日，携程召开线上发布会宣布启动“旅游复兴V计划”，联合百余目的地、万家品牌共同投入10亿元复苏基金，通过上线“旅游产品预售”“开放旅游复苏指数大数据平台”“云旅游”等助力疫后行业复苏。“旅游复兴V计划”从3月启动，持续全年，分为回暖期、复苏期、反弹期三个阶段。2020年12月31日，携程发布《2020携程“旅游复兴V计划”年终报告》，报告集中呈现了自2020年3月以来，携程联动产业链上下游，与目的地政府携手为推动行业复苏所做出的积极贡献，并于2021年3月5日，在“旅游复兴V计划”迎来一周年之际，宣布将升级该计划为“旅游复兴2.0”，联动目的地和合作伙伴在助力乡村振兴、推广红色旅游、入境旅游等方面加大投入，履行企业社会责任。

（三）打造BOSS直播体系，助力旅游目的地复苏

2020年3月23日，面对疫情的重创，携程董事局主席梁建章现身携程疫后复兴第一站——海南省三亚市，在亚特兰蒂斯酒店开启了他人生第一场直播，并在一小时内卖掉价值1000万元的酒店套餐，实现了个人IP与高星酒店深度捆绑。截至2020年7月中旬，以“BOSS直播”为核心的携程直播交出了总GMV破11亿、产

品核销率近五成、为千家高星酒店带货超 100 万间夜的成绩单，在境内外 200 余个城市掀起旅游复苏浪潮，实现了“直播 + 预售”的品效合一，以“BOSS 直播”为核心、“周末探店”直播和“境外本地”直播联动的携程直播矩阵初步构建，累计直播场次超 40 场。根据携程 2020 年第三季度财报，携程直播矩阵 GMV 累计超过 24 亿元，直播间的客单价达 1300 元，观看人数超过 1.7 亿人次。

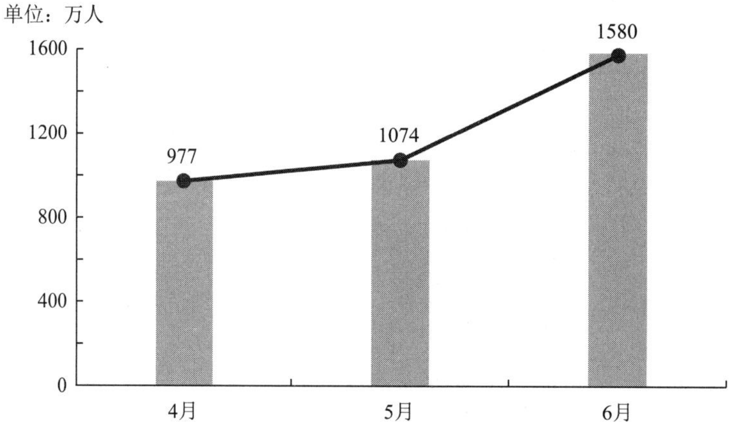

图 2-1　4—6 月携程直播观众人数增长趋势

资料来源：《携程直播 2020 年终盘点》

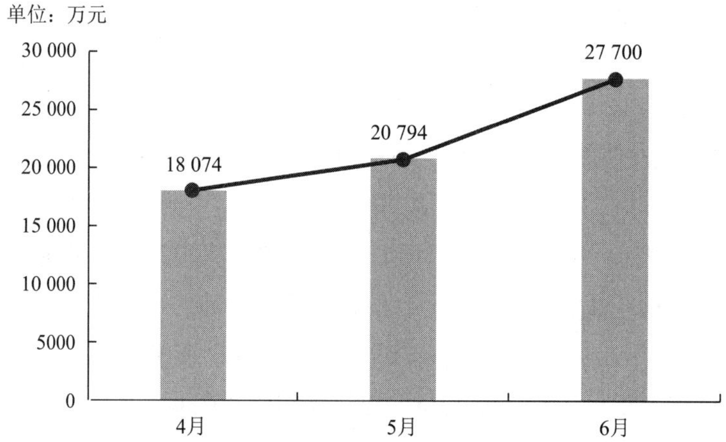

图 2-2　4—6 月携程直播总 GMV 增长趋势

资料来源：《携程直播 2020 年终盘点》

得益于携程在国内中高端酒店市场的领先地位，以及在旅游业独一无二的采购能力与客服能力，携程“BOSS 直播”具备了先天且独有的优势。基于这一优势，携程一方面能够获得高端酒店的独家价格，为用户争取最大幅度的优惠；另一方面，从产品包装、流量注入、渠道分销、市场营销、售后服务等方面为酒店商家提供从设计到售后的一价全包服务。

除了标准化、品牌知名度高的高星酒店外，携程“BOSS 直播”也关注到中高星酒店市场中一些“非标品”，这些酒店或景（区）酒（店）集团具备非常鲜明的产品特色，但以往并未在全国范围内被消费者熟知，市场复苏的速度相对缓慢。在此背景下，2020 年 5 月 1 日，携程首场“周末探店”直播启动，旨在通过“亲临现场”“所见即所得”的直播形式，提升酒店的品牌知名度，激发消费者购买欲望。首场“周末探店”直播中，梁建章与公众号“嬉游”主理人急速菜菜一道，以“边探边卖”“单店场景”的创新形式，对携程直播进行主题化升级。截至 2020 年 7 月 26 日，携程“周末探店”直播累计交易额超 1.6 亿元。

直播之外，梁建章先后会见全国 30 余个省、市政府的主要领导，数十项政企合作项目由此达成，数以亿计的旅游补贴通过携程渠道发挥出 10 倍的杠杆作用。如常州市政府通过携程派发 2800 万元补贴，预计带动 2.8 亿元旅行直接消费，产生 9.24 亿元旅游综合消费；贵州省政府通过携程派发 1500 万元补贴，预计带动 1.5 亿元旅行直接消费，产生 4.95 亿元旅游综合消费；天津市政府通过携程派发 500 万元补贴，预计带动 5000 万元旅行直接消费，产生 1.65 亿元旅游综合消费。携程的“BOSS 直播”已不仅仅是企业家的带货直播秀，而是成为携程助力目的地复苏的一个引擎和载体，为政企合力共同筑就的旅业命运共同体持续输出强劲动力。

（四）发布业内首个《在线住宿平台酒店预售服务规范》

2020 年 4 月 16 日，携程集团与北京联合大学共同发布业内首个《在线住宿平台酒店预售服务规范》，该规范从酒店预售服务主体、预售服务运营流程、资金安全保障、用户权益保障、预售服务管理、信息安全与隐私保护等六个方面对在线平台酒店预售服务进行系统化规范。

（五）收购荷兰在线旅游集团 Travix

2020 年 4 月，携程收购（荷兰著名旅游集团）BCD Holding NV 旗下在线旅游集团 Travix。据了解，Travix 业务覆盖欧洲、美洲、亚洲市场，携程通过此次交易，获得了 Vayama 等多个旅游品牌。Travix 旗下品牌包括 CheapTickets.nl，Vliegwinkel.nl，BudgetAir.com，Flugladen.de 和 Vayama 五个品牌，在荷兰、澳大利亚、德国、印度、新加坡等 39 个国家和地区开展业务，提供廉价航空公司的航班以及酒店、汽车租赁、火车、度假套餐等，服务 500 万乘客。

（六）成立创投公司

2020 年 6 月 3 日，携程创业投资（上海）有限公司注册成立，注册资本为 1 亿元人民币，法定代表人及执行董事为沈杰，监事为陈茗诗，由携程旅游网络技术（上海）有限公司全资控股，后者为携程投资（上海）有限公司的全资子公司。从经营范围来看，携程创业投资（上海）有限公司的经营范围包括创业投资、投资咨询和企业管理。

据网经社"电数宝"电商大数据库显示，在电商领域携程共有 24 起投资，投资金额超 91.2 亿元。投资平台有城宿、有家美宿、美味不用等、途家、摩拜单车、旅游百事通、同程艺龙、久栖酒店、去哪儿、途牛旅游网、氢气球旅行、华远国旅、易到用车、一嗨租车、途风网、慧评网、快捷酒店管家等。

（七）与京东达成战略合作

2020 年 8 月 16 日，京东集团与携程集团正式签署战略合作协议，按照协议约定，携程核心产品供应链将接入京东平台，双方将在用户流量、渠道资源、跨界营销、商旅拓展、电商合作等方面开展全方位的合作。京东集团与携程集团此次战略合作的达成，实现了京东的优质用户、强大的商品供应链与携程旅行产品供应链的强强联合，京东作为国内最大的零售平台，预计将为携程带来 800 万企业客户和 4 亿注重品质消费的用户。

（八）召开 2020 全球合作伙伴大会，发布"内循环"四大战略

2020 年 10 月 29 日，携程集团在成都召开"携程 20 周年盛典暨第二届全球合作伙伴峰会"。大会当天，携程联合创始人、董事局主席梁建章在会上宣布了"深耕国内、心怀全球"总体战略，并提出了"从内容、产品、供应链和质量四个方向深耕国内旅游市场"等发展目标，指出了携程未来一年的发展方向。

（九）宣布新一轮高管任命

2020 年 11 月 2 日，携程集团 CEO 孙洁发布了内部邮件，宣布了新一轮高管任命信息。该邮件显示，经过管理层决议，晋升熊星为集团国际执行副总裁，孙波则晋升为集团 EVP（Executive Vice President，执行副总裁），并继续担任携程集团 CMO（Chief Marketing Officer，首席营销官）。

（十）实现疫情以来首季度盈利

2020 年 12 月 2 日，携程集团公布的三季度财报显示：2020 年 Q3，携程集团的净营业收入为 55 亿元人民币（8.05 亿美元），环比增长 73%；得益于疫情的有效控制以及跨省游的恢复，携程集团国内主营业务收入环比增长均超过两位数；归属于携程集团股东的净利润达到 16 亿元人民币（2.34 亿美元），实现新冠疫情发生以来的首季度盈利；经营性利润率达到 24%，位居全球上市旅企第一；若不计股权报酬费用，营业利润为 13 亿元（1.96 亿美元）。

三、发展特点

（一）业绩恢复领跑 OTA 千亿美金俱乐部

“OTA 千亿美金俱乐部”是指 2019 年年末实现千亿美金左右 GMV 的三家跨国公司：携程、Booking（缤客）、Expedia（亿客行），而在 2020 年，不论是受疫情影响的业绩下滑程度还是复苏程度，携程都表现更好一些。

从 2020 年 Q4 和全年两个时间段看，Booking 的营收降幅分别为 63%、55%；Expedia 的降幅分别为 67%、56.92%；而携程的数据则为 40%、49%。

而 Fastdata 极数日前发布的《2020 年中国在线旅游行业报告》显示，携程以 48.9% 的业务恢复率超过 Booking 的 47.4% 和 Expedia 的 45.9%，位列第一。这清晰地显示了中国市场在疫情得到有效控制后，对携程业绩起到的支撑作用。

值得注意的是，一季度携程的营收下滑幅度远超另外两家公司，而二季度这种形势发生了大比分逆转，在全球旅游业范围内实现了逆袭。究其原因，携程以“BOSS 直播”为核心打造的直播体系累计创造了超 17 亿元交易额，不仅强化了携程供应链优势，提振了旅游消费的信心，同时也将中国的“战疫经验”复制到海外，正式开启引领全球旅游业复苏的序幕。

（二）国内外竞争加剧

携程面临的来自国内旅行社和前来拓展中国市场的国际玩家的竞争正在加剧，酒店、航空公司、内容平台、社交网络等各行业企业都在进入旅游业。受疫情冲击，国内航空公司纷纷推出“随心飞”等促销产品，酒店也通过各种渠道售卖自己的“酒店 + 餐饮 / 体验”产品，或者与直播平台合作面向消费者进行预售，这对携程的业务板块造成了不同程度的影响。

携程 2020 年年报显示，部分合作企业向携程支付的佣金正在减少。例如，2020 年首旅如家给携程的佣金为 4900 万元，而前两年分别是 9300 万元和 9100 万元，这或许可以归因于疫情的影响。但另一方面，华住支付给携程的佣金为 7800 万元人民币，这一数字相比 2018 年、2019 年有所增加，或许与华住本身的业务规模增长有关。（疫情前，华住集团的直销比例在整体销售额中约占 86%，而首旅如家自有渠道带来的酒店销售量占比也接近八成。这两家酒店集团都有提升自有渠道销售比例、减少对 OTA 依赖的计划。）

此外，来自其他 OTA 平台的竞争也不容忽视。携程作为同程艺龙第二大股东，二者互相提供房源和销售支持。2020 年，携程支付给同程艺龙的佣金总额为 3.24 亿元人民币，而同程艺龙支付给携程的佣金为 1.51 亿元，比携程支付的少一半。

佣金与售出的酒店房量直接挂钩，携程向同程艺龙支付的佣金更多，意味着后者售出的携程房源更多。

（三）不可忽视的流量焦虑[①]

和携程这种以旅游交易为主的平台相比，电商平台、内容平台的用户访问频率更高，也就意味着后者拥有更大的流量。尽管携程在 OTA 行业仍占据优势地位，但其 2020 年年报指出，公司现有的竞争优势（如 APP 或网站上的活跃用户基数更大、财务、营销和战略关系、联盟、知名度、技术能力或商业模式等）都可能被模仿。同时，竞争对手可能受益于其现有用户基础，利用已经获得的流量，引导用户从其他服务产品转到他们的旅游服务，并进一步实现协同效应。符合这一描述的竞争对手，包括美团、阿里（飞猪）、京东、同程旅行（微信流量支持），甚至未来的拼多多、抖音和小红书。不过，与成熟的内容平台如抖音、小红书相比，携程的优势在于其将内容连接到产品的能力，携程庞大的产品库存和其交易平台的属性，可以使内容顺畅地转化为交易。

四、发展战略

（一）内容营销战略

在疫情期间，携程创始人、董事局主席梁建章亲自上阵直播带货，携程直播和特卖频道全年累计贡献交易额约 50 亿元。基于直播形式的成功，携程将之升级为内容营销战略，包括运营直播、旅游UGC（Users Generated Content，用户创造内容）等具体业务。

携程年报指出，在过去，竞争对手主要通过广告宣传、促销等手段来推广品牌、增加市场份额，携程也采取过类似的策略，但这些营销手段意味着巨大的成本。相比之下，构建内容生态能获得更加长久和稳定的流量。2020 年是携程营业成本在过去五年中最少的一年，仅为 40 亿元左右；市场营销费用也是过去五年中最低，为 44 亿元，而 2018 年、2019 年这笔费用都超过 90 亿元人民币。

梁建章为内容生态制定了“三步走”策略：首先，丰富内容的类别和形式；其次，有效推荐产品，提高转化率，尤其是短途游产品，完成从内容到交易的完整循环；最后，借助内容、产品以及优质用户群、广泛的营销网络，成为一个旅游营销中心，在旅游、娱乐、广告和营销中增加收入机会。

自 2018 年，携程在自己的平台上推出内容分享功能，允许用户发现、探索和

① 界面新闻 . 渠道垄断不再，携程 2020 年报背后的流量焦虑［EB/OL］.［2021-3-18］. https://mp.weixin.qq.com/s/ejSu9dFCRCoi0SYxicaL8Q.

分享与旅游相关的内容，包括目的地评论、旅游体验和提示，从而进一步丰富平台的内容生态。目前，携程正持续丰富内容品类和形式以获取新用户和提升用户参与度，通过整合内容分发、精准推荐和产品创新，形成营销体系持续增长的良性循环，通过内容、产品、优质用户群和广泛的营销网络的深度结合，以打造面向泛旅游市场的营销枢纽。

（二）"深耕国内、心怀全球"总体战略①

2020 年 10 月 29 日，在"携程 20 周年盛典暨第二届全球合作伙伴峰会"上，携程联合创始人、董事局主席梁建章在会上宣布了"深耕国内、心怀全球"总体战略，并提出了"从内容、产品、供应链和质量四个方向深耕国内旅游市场"等发展目标，指出了携程未来一年的发展方向。按照集团 2019 年年底发布的"G2"（Great Quality〈高品质〉和 Globalization〈全球化〉）战略，携程将持续深化平台战略为供应商提供深度赋能，"像对客服务一样服务全球合作伙伴"。最新发布的"20 大产品线"提供全球、全方位旅游服务，同时触达全球旅游合作伙伴。

携程的四个"深耕"：

"内容深耕"——携程主要的战略方向是从交易型平台迭代成为集"寻找灵感、优惠和休闲"于一身的平台。中国旅游市场多年来都呈现出产品同质化的状态，于是用户的刚需就成了搜索、筛选以及交易旅游产品，但随着新产品迭代，单纯的交易型平台就难以迅速捕捉到用户的新需求，而旅游相关的短视频、直播、笔记攻略等内容则可以完成用户与新产品的连接。携程"一站式旅游服务平台"战略的成功即源于此。

"产品深耕"与"供应链深耕"——是在"内容深耕"基础上的延展。携程会着重挖掘诸如精品民宿、特色玩乐等小而美的新一代旅游产品，并持续给予这类产品以专有的流量扶持。同时，与同质化的大众产品不同，小而美的旅游产品才能持续产生真正有趣的旅游内容、吸引用户的关注。在供应链端，携程试图打通从内容到交易的闭环，覆盖产品平台规则、排序、攻略、营销这五个与供应商紧密相关的环节。

"质量深耕"——是以上三个深耕的基础保障。在携程平台进行迭代的过程中，用户与供应商的体验必须得到质量保证，其中最关键的就是技术的加持。技术出身的梁建章称，携程技术的标准是"优雅而强大"。这四个深耕，共同构成了携程"深耕国内"战略的基础。

---

① 网经社 . 携程全球合作伙伴峰会：后疫情时期发布"内循环"四大战略［EB/OL］.［2020-10-30］. https://xueqiu.com/4700839113/162121756.

关于携程在 2019 年提出的 G2 战略之一——全球化，在当下的后疫情时代将如何延续，也是行业广泛关注的问题。对此，梁建章的回答是，全球化征程依然继续，眼前“深耕国内”的携程像是在“憋大招”，携程目前在国内市场积累的技术、管理、模式等优势，待国际旅游市场开放之后将逐步推广至全球。

第三节　同程艺龙

一、发展概述

（一）企业简介及市场规模

同程艺龙由同程网络和艺龙旅行于 2018 年 3 月合并而成，业务合并为交通票务服务业务以及酒店住宿预订服务业务。2018 年该公司收入翻倍，2019 年继续高增长；2020 年受疫情影响，业绩下滑，但收入恢复行业领先，按季度看，Q4 各项业务恢复率 100%，行业优势明显。2020 年 4 月，该公司正式对外宣布品牌升级，正式启用对外服务品牌“同程旅行”，并同步更新了企业 logo 和品牌口号“再出发，就同程”，升级后的同程旅行将更加聚焦年轻、时尚及个性的消费群体。

截至 2020 年 12 月，同程艺龙平台提供由约 820 家国内航空公司及航空代理运营的超过 7600 条国内航线、超过 2.2 万家酒店及非标住宿选择、近 39 万条汽车线路、超过 670 条渡轮线路以及约 8000 个国内旅游景点门票服务。居住于中国非一线城市的注册用户约占注册用户总数的 86.3%，约 61.7% 的微信平台新付费用户来自中国三线或更低线城市。

同程艺龙重视技术投入，利用科技赋能并持续挖掘用户需求、提升服务体验。该公司推进旅游数字化，旗下“同程全域通”是在下沉市场旅游数字化方面的重要创新项目，近两年在三、四线城市乃至县城的布局大幅提速，近期更是在多个地区有新项目签约或已完工项目交付。全域通产品是由酒店通、景点通、机场通、铁路通和景区语音导览五大产品矩阵组成，全方位满足低线市场人群的需求。同程艺龙宣布，已将智能化应用列入未来的战略发展主线之一，将不断增大技术研发、AI（Artificial Intelligence，人工智能）投入比例，通过借助技术创新，推动智能交通和智能住宿的一站式服务模式发展。借助技术驱动，同程艺龙持续强化其陪伴式的“智能出行管家”角色，逐步摆脱以往 OTA 发展初级阶段的模式，从 OTA 向 ITA

加速转变。

（二）2020 年财报分析[①]

2021 年 3 月 23 日，同程艺龙发布的 2020 年 Q4 及全年财报显示：2020 年同程艺龙实现营收 59.33 亿元，经调整净利润为 9.54 亿元，连续四个季度保持盈利，成为全球同行业中唯一连续四个季度盈利的公司。其中，受疫情影响最为严重、国内春节产品发生退订潮的第一季度，同程艺龙仍实现盈利 0.78 亿元。随着疫情逐步恢复，第四季度盈利规模达到 3.07 亿元，在国内 11 月至 12 月疫情多点暴发的影响下，盈利水平仍恢复至 2019 年同期的 92.8%，全年收入恢复至 2019 年的 80.2%。

具体到复苏迹象明显的第四季度，经调整 EBITDA（Earnings Before Interest，Taxes，Depreciation and Amortization，税息折旧及摊销前利润）为 4.41 亿元，同比增长 6.2%，为 2020 年首次上升；经调整净利润为 3.07 亿元，经调整净利润率与 2019 年同期持平，为 16.9%。其中，交通票务服务业务收入 10.03 亿元，基本恢复至 2019 年同期水平，全年收入 34.71 亿元，收入贡献 58.5%；住宿预订服务业务收入 6.47 亿元，实现逆势增长 4.04%，全年收入 19.45 亿元，收入贡献 32.8%；国内酒店间夜量同比 2019 年增长 21%，国内航空票务量同比 2019 年增长 5% 左右，汽车票票量同比增长近 180%。

表 2-2　同程艺龙 2016—2020 年财报对比

报告期	营收	营收增长率	利润	利润增长率
2020 年	59.33 亿元	−19.75%	3.28 亿元	−52.39%
2019 年	73.93 亿元	40.67%	6.88 亿元	29.84%
2018 年	52.56 亿元	108.67%	5.3 亿元	170.97%
2017 年	25.19 亿元	14.24%	1.96 亿元	109.14%
2016 年	22.05 亿元	114.84%	−21.39 亿元	−133.48%

资料来源：东方财富。

随着下沉战略的加速推进，在保持稳健盈利能力的同时，同程艺龙的用户增长显著，市场份额进一步扩张，付费用户数量实现逆势增长。截至 2020 年 12 月 31 日，同程艺龙年付费用户达 1.55 亿人次，同比增长 1.8%，创历史新高。第四季度，该公司平均月活用户 1.96 亿户，平均月付费用户同比增长 5.9% 至 0.287 亿户，付费率持续提升至 14.64%。用户变现体现在交易额上，该公司 Q4 平台交易额为 361 亿

① 东方财富 . 同程艺龙（00780）2020 年“告捷”：全球唯一盈利的 OTA 公司 .2021.3.24.

元，全年交易额为 1164 亿元。

此外，下沉市场也有助于降低成本，接入不同特色的旅游产品，通过品牌效应吸引更为廉价的流量（即获客成本降低）。2020 年该公司核心销售费用下降，广告及推广开支 14.54 亿元，同比下降 10.4%，平均获客成本低于行业平均水平。

财报显示，截至 2020 年 12 月 31 日，同程艺龙的现金及现金等价物约 18.04 亿元。

二、发展动态[①]

（一）下沉市场助力交通票务高增长，付费用户不降反增

自 2018 年在线旅游业市场整合完成以来，巨头们纷纷开始寻找新的增长方向，相比拓宽国际市场，同程艺龙则致力于深耕国内低线城市。从财报数据看，同程艺龙 2020 年付费用户 1.55 亿人次，不降反增 1.8%；2020 年 Q4，同程艺龙交通票务业务中，汽车票出票量同比增长近 180%，并在去年贡献了 1500 万付费用户，60% 以上是新增客人。正是下沉市场这个战略选择，托起了同程艺龙疫情期间业务持续复苏和增长的基本盘。

下沉市场的巨大商机，不仅成为同程艺龙业务加快复苏的核心动力，也成为其“第二增长曲线”。以 2020 年国庆节为例，2020 年 10 月 1 日至 10 月 7 日期间，同程艺龙平台来自三线及以下城市的大交通出票量同比增长超 35%，三线及以下城市酒店预订量同比增长超 55%——远高于一二线城市。

在已过去的 2020 年里，针对下沉市场需求，同程艺龙打通汽车票线上供应链，还通过酒店扫码住、景区景点自助售票机等产品和服务，加速推动低线城市旅游资源的数字化进程，并通过提供全场景服务提升用户的出行体验。通过销售汽车票，平台可以赚取佣金，虽然单笔金额较小，但胜在高频，三个月内消费者复购率在 25% 以上。通过一张张汽车票触达消费者，进而实现交叉销售，而购买了汽车票的消费者有可能会在同程艺龙继续预订酒店、门票、机票等业务，从而实现用户黏性。

（二）深挖腾讯系流量池，多方面拓宽获客渠道

通过流量渠道触达下沉市场用户，其实就是流量渠道的获客能力。相比通过低价策略从 C 端（Customer，消费者）引流，同程艺龙选择了更为经济和高效的方式，通过与微信、腾讯视频、腾讯音乐、QQ 天气合作，进一步深挖腾讯系流量池。

① 劲旅网. 对话马和平：关于同程艺龙 2020 年盈利背后的一切［EB/OL］.［2021-3-24］. https://mp.weixin.qq.com/s/R2MR4xM7K-HUdHRpRuDPhw.

2020 年 9 月，同程艺龙火车票、机票、汽车票三大交通业务板块已全部接入微信搜一搜，实现了对微信流量的进一步深化。用户在微信中搜索“机票”“火车票”或“汽车票”，可直接查询并预订相关出行产品。

具体有以下渠道：

同程艺龙通过手机预装“快应用”，与华为、小米、VIVO 等国内手机厂商合作，为用户的智能手机、智能手表、智能汽车等移动终端提供预装服务，伴随着 APP 预装手机量增多，快应用 MAU 呈现爆发式增长。

与短视频平台合作也是其拓宽获客渠道的重要推手。2020 年 11 月，同程艺龙与快手进行战略合作，后者是国内炙手可热的流量平台，从财报数据上可以清晰看到快手的流量为同程艺龙带来的用户触达和购买转化率。

此外，线下安放的汽车票自动取售票终端、“扫码住”等流量贡献也持续提升。近几年同程艺龙一直在帮助汽车站、客运中心进行数字化改造，通过在线下布置自动售票机、线上开辟流量入口等方式，提升整个行业的线上转化率。财报显示，2020 年 Q4，同程艺龙 MAU 中非微信渠道的用户实现了 24% 的同比增长。

（三）大规模综艺广告投放，提高品牌认同感

同程艺龙在下沉市场方面进行了大规模广告投放，这两年在综艺方面的投放也越来越多，如 2020 年的《吐槽大会》和 2021 年的《奇葩说》。深究其原因不难发现，2020 年 4 月，同程艺龙发布“同程旅行”新品牌，迫切需要让消费者对新品牌有更多认知，因此要持续不断攻占消费人群，其中年轻消费人群尤为重要。同程艺龙通过调研下沉市场，剖析年轻消费群体在旅行方面对“品牌”概念的感知特点，选择进行大规模综艺广告投放。据悉，未来两三年在加大综艺投放的同时，同程艺龙也会强化在机场、高铁站、汽车站等下沉市场的品牌露出，同时伴随产品、服务、营销跟进。

（四）布局大住宿产业链，赋能酒管行业

同程艺龙在大住宿产业链上的布局也引人关注，2020 年投资了酒店供应链企业同驿商城、珀林酒管，第一家艺龙酒店也于 2021 年 4 月在上海开业。

2020 年，同程艺龙下沉市场的酒店预订呈现高速增长态势。财报显示，2020 年 Q4，同程艺龙住宿预订服务收入 6.47 亿元，同比增长 4.1%；用户在同程艺龙平台上消费的国内酒店间夜量同比增长 21%；低线城市酒店的间夜量更是同比增长超 30%。

酒店业存在着线上化率低、连锁化率低的问题，并且有较大消费升级空间。为有效推动上述三个问题解决，为同程艺龙酒店预订带来庞大增量，同程艺龙打造了

一个大平台，围绕“酒店高增长”和“赋能酒店产业链”这两个战略打造一个大生态体系，希望在酒店产业链横向和纵向吸引更多创业团队加入，即投资了珀林、杉丽、美程、艺龙酒管和同驿商城。在未来 3~5 年，同程艺龙试图用这样的方式找到赋能酒管行业的方式，让酒店行业效率更高，降低运营成本，跟各大平台的对接也更加智能化。

（五）整合景点门票业务与住宿业务①

针对后疫情周边游和短途游爆发，未来很长一段时间国人旅游出行将会以国内短途旅游为主，偏重小众目的地。2020 年 10 月 20 日，同程艺龙宣布进行架构调整，将景点门票业务与住宿业务整合在一起，整合完成后，文旅事业部变为目的地事业部，住宿事业部则变身为酒旅事业群。同程艺龙 COO（Chief Operating Officer，首席运营官）、酒旅事业群负责人王强表示，景点门票和交通票一样，都是旅行消费的起点和“入口”，推进“酒 + 景”的整合将为住宿业务的线上、线下获客提供进一步支持，同时可以强化协同效应，快速提升用户的交叉购买率。

（六）技术创新提高服务能力，推动汽车票资源全面数字化

同程艺龙通过技术创新推动了汽车票资源的全面数字化，以产业互联网链接颗粒度更细的交通产品，在以线下销售为主的汽车票市场打开了新局面。同程艺龙“慧行”系统运算能力的提升，有效改善了火车票、汽车票、机票、住宿的交叉销售，并能根据最新情况推出各类增值产品和服务，响应用户个性化需求。财报显示，2020 年 Q4，同程艺龙汽车票票量同比增长近 180%。此外，转化能力的提升，也让同程艺龙全年累计付费用户规模达到近 1.6 亿，创下历史新高。

此外，同程艺龙的技术创新也体现在其他方面。同程艺龙旗下的“住哲”为广大酒店提供灵活开放的云 PMS（Property Management System，物业管理系统，酒店行业称之为酒店管理系统）以及微订房等营销工具，目前拥有酒店用户 6 万余家。同程全域通以“全域旅游 + 智慧出行”为宗旨，整合当地景区、酒店、交通、美食、民宿、人文等资源，将旅游资源变得更有趣，目前已与呼伦贝尔、湖南、辽宁等地达成合作。同程艺龙战略投资的住宿业一站式供应链平台同驿商城，为全球超过 120 万家酒店提供专业的一站式供应链服务。

（七）2021 年发展方向

2020 年，同程艺龙持续盈利，现金流相对充沛，CEO 马和平表示，未来资金投入有几个大方向。

---

① 新浪科技 . 同程艺龙进行业务架构调整　成立酒旅事业群［EB/OL］.［2020-10-20］. https://baijiahao.baidu.com/s?id=1681039390878153780&wfr=spider&for=pc.

提升线下获客效率。主要是针对下沉市场的线下获客，包括酒店扫码入住、景区扫码入园等。这些是被市场证明过的、当下最好的线下获客方式，甚至好于线上渠道获客。从转化的角度看，线下获客成本更低、效率更高。

扩大流量渠道。通过和手机厂商、短视频企业以及更多流量渠道合作，进行更加精准的线上营销。

强化品牌推广。基于连续几个季度的宣传推广获得的正向市场反馈，今后同程艺龙将强化“同程旅行”品牌推广力度，尤其针对下沉市场，不断致力于让品牌深入人心。

升级会员权益。包括普通会员权益和黑鲸会员权益，将更多跨界资源打通，让会员销售更多方面的权益互惠，精准触达目标消费人群。

三、发展战略

（一）“三步走”策略助力目的地发展

同程艺龙一直致力于帮助城市做目的地开发、大数据分析和精准营销，发力精细化城市运营。在助力目的地发展方面，同程艺龙的“三步走”策略主要包括：目的地营销、目的地资源开发、目的地投资，并针对不同城市用户的特点，探索旅游的本地化营销。营销层面主要是帮助目的地透过同程艺龙平台推广自身品牌和旅游资源；开发层面主要是同程艺龙的“全域通”产品，2020 年共完成 300 多个城市的全域通方案；投资层面目前做得相对较少。

（二）“ITA 战略”

自上市以来，同程艺龙一直坚定 ITA 战略——从 OTA 向 ITA 转型，通过借助数字化技术，在横向拓展服务能力的同时，纵向深耕旅游产业链上下游，即“一横一纵”双向布局；将服务用户从大众消费者延展到旅游产业链上数以万计的中小商家，积极探索运用领先科技和创新产品，持续提升服务能力，推动旅游行业数字化进程；此外，同程艺龙不断优化“慧行”系统的运算能力和业务洞察能力，为用户提供智能出行解决方案，提高交通业务的变现率和交叉销售；同时升级了人工智能客服，为用户提供全年无休、快速响应、精准应答的人工智能客服服务，大大改善用户体验，缩减人工客服成本。

（三）2021 年五大战略

2020 年 12 月 29 日，值同程艺龙上市三周年之际，同程艺龙 CEO 马和平发布内部信，宣布了同程艺龙 2021 年的五大核心战略，分别是“品牌强化战略”“下沉市场战略”“产业链赋能战略”“酒店高增长”及“目的地战略”。今后，同程艺龙将在五大战略的指引下，持续从“OTA 向 ITA”转型升级，为用户创造简单、快捷、智能的出行服务，助力中国旅游业数字化发展。

第四节 马蜂窝

一、发展概述

（一）企业简介与市场规模

马蜂窝旅游网是中国领先的旅行玩乐平台，是旅游社交平台，是数据驱动的新型旅游电商。2006 年，陈罡和吕刚创立了蚂蜂窝，用户以游记的形式在其网络社区分享旅行路书、攻略、经历等。2010 年蚂蜂窝正式开始公司化运营，经大量旅行者自主分享，社区信息内容不断丰富和完善，10 年来在旅游 UGC 内容领域沉淀了大量的旅游内容。2018 年 2 月，“蚂蜂窝旅行网”正式更名为“马蜂窝旅游网”。

它提供全球 60 000 多个旅游目的地的玩乐、交通、酒店、景点、餐饮、购物、用车、当地体验等信息和产品预订服务，提供 600 000 个细分目的地新玩法，累计 760 000 000 次攻略下载，拥有 38 000 家旅游产品供应商，每月帮助上亿旅行者出行，号称“中国年轻一代用得更多的旅游网站”、上亿旅行者共同打造的“旅行神器”，公司口号是“旅游之前，先上马蜂窝”。

为了激发用户的分享，马蜂窝推出了系列措施：进行个性化界面创新，优化用户阅读攻略、撰写游记和分享行程的体验；通过旅游点评、旅游问答，马蜂窝以“所有人帮助所有人”的方式解决用户的疑问并提供决策参考；通过分级制度、虚拟货币（蜂蜜）、分舵、同城活动以及晾晒旅游资产般的“足迹”等，马蜂窝激励用户分享和互动……

马蜂窝的现有用户基本是靠口碑宣传获得。人们在社交媒体上看到马蜂窝的旅游内容，觉得很独特，通过人人网、微博、微信等各种社交平台转发分享、口口相传。正是这种“物以类聚”的自然法则式用户发展，马蜂窝积累了 1 亿用户。马蜂窝多年来沉淀出的独特气质和文化氛围，也为其每年吸引来银行、汽车、航空公司等领域大量的品牌广告投放。马蜂窝通过搭建专门的自由行服务平台，通过移动端、PC 网站在微信、微博等社交媒体上，为自由行合作伙伴提供全方位的产品展示、引流、线上支付、大数据支持和销售服务体系等 O2O（Online to Offline，线上到线下）解决方案。据马蜂窝公布的数据显示，公司自 2015 年宣布自由行战略以来，交易业务增长势头强劲，在目的地和供应链端快速布局，连续数年实现 GMV 翻倍增长。

得益于“内容 + 交易”的核心优势，马蜂窝更理解年轻人的偏好，致力于让复杂的旅游决策、预订和体验变得简单、高效和便捷。基于 10 年的内容积累，马蜂窝通过 AI 技术与大数据算法，将个性化旅游信息与来自全球各地的旅游产品供应商实现连接，为用户提供与众不同的旅游体验。马蜂窝独有的“内容获客”模式，高效匹配供需，助力平台商家提升利润率，并重塑旅游产业链。

马蜂窝有自己的数据研究中心，对注册用户的数据进行分析整理，定期发布用户行为、自由行、出境旅游数据报告。马蜂窝发布《十一旅游趋势报告》《中国出境游报告》等系列数据报告，一方面持续总结用户习惯、满足用户需求，另一方面有助于提升整个旅游行业的服务质量。

马蜂窝已经与全球范围内数百个目的地政府、旅游局、景区景点等官方机构开展了深度合作，与官方联合发布的“北极星攻略”更具权威性和准确性。马蜂窝平台上旅行经验丰富的年轻用户，为攻略提供源源不断的创新玩法。未来，酒店、户外产品、汽车、甚至快消等行业合作伙伴，都将加入马蜂窝的攻略制作队伍，从不同的专业领域为中国游客提供自驾线路、旅游风向标、当季热门活动等信息，共同为游客打造极致版的细分场景下的旅游攻略。

（二）发展路径

2006 年 1 月，网站上线。

2010 年 3 月，正式成立公司投入运营，注册用户数 15 万。

2011 年 4 月，上线首款 APP 客户端旅行翻译官。

2011 年 10 月，获得资本 500 万美元 A 轮融资和 200 万美元无息贷款。

2012 年 6 月，开始商业化尝试，半年收入超千万，主要来自广告及佣金分成。

2012 年 10 月，注册用户数超过 400 万，PC 端用户数在 3 年内增长 40 倍；攻略累计下载量 6000 万次。

2013 年 4 月，获得启明创投领投的 1500 万美元 B 轮融资。

2014 年 6 月，注册会员数突破 5000 万。

2015 年 2 月，获得高瓴资本、蔻图资本（Coatue）、共建创投（CoBuilder）、启明创投的 C 轮融资，累计融资逾亿美金。

2015 年 9 月，用户数达 1 亿，其中 80% 的用户来自移动端（蚂蜂窝自由行 APP）；月活跃用户数达 8000 万。

2017 年 11 月，获得 1.33 亿美元 D 轮融资，由鸥翎投资（Ocean Link）、美国泛大西洋资本集团（General Atlantic）、淡马锡（Temasek）、元钛长青基金、厚朴基金共同投资，参与前几轮投资的今日资本、启明资本、高瓴资本继续跟投。

2018 年 2 月，“蚂蜂窝旅行网”正式更名为“马蜂窝旅游网”，并启动新一轮品牌换新。

2018 年 4 月 3 日，全球旅游消费指南——马蜂窝旅游网与银联国际宣布年度合作，双方将实现业务层面的深度结合，利用马蜂窝大数据平台与银联卡全球受理网络，重塑自由行时代下的旅游消费环境。

2018 年 12 月 21 日，马蜂窝旅游网在北京召开了以“共创产业新生态”为主题的新旅游电商大会，着眼 2019 年产业发展新生态，与优质旅游商家共议新时代下的营商之道，并发布了全新升级的商家赋能系统。

2019 年 5 月 23 日，马蜂窝旅游网宣布完成 2.5 亿美元新一轮融资。此轮融资由腾讯领投，美国泛大西洋资本集团、启明资本、元钛长青基金、联创旗下 NM Strategic Focus Fund、毅园投资（eGarden ventures）共同跟投。

（三）商业模式

马蜂窝旅游网是基于旅游社交和旅游大数据的新型自由行服务平台，这也是马蜂窝的商业模式。

马蜂窝用户通过交互生成内容，经由数据挖掘和分析，这些内容形成结构化的旅游数据并循环流动。马蜂窝依据用户偏好及其行为习惯，对应提供个性化的旅行信息、自由行产品交易及服务；全球的 OTA、酒店、邮轮、民宿、当地旅行社等旅游产品供应商通过马蜂窝的旅游大数据与消费者精准匹配，节省营销费用，并能获得不菲的收入。

马蜂窝自由行交易平台的出现，标志着个性化旅游——自由行时代的到来。业界通常将旅游划分为三个时代：“鼠标 + 水泥”的时代（以携程为代表）、垂直比价时代（以去哪儿为代表）、以马蜂窝为代表的个性化旅游的自由行时代。在移动互联网语境下，“自由行”的实质是旅游社交和旅游大数据，用户通过网络获取并分享旅游信息、产品和服务。

马蜂窝旅游网站在自由行消费者的角度，帮助用户做出合理的旅游消费决策。UGC、旅游大数据、自由行交易平台是马蜂窝的三大核心竞争力，社交基因是马蜂窝区别于其他在线旅游网站的本质特征。数年的发展，马蜂窝的 UGC 内容形成了“足迹、点评、问答、行程、游记”的金字塔形结构，基本覆盖了全球的旅行目的地，覆盖了旅游内容产生的全程以及用户的不同需求。

二、发展动态

2020 年 1 月 9 日，胡润研究院发布《2019 胡润中国 500 强民营企业》，马蜂窝以市值 140 亿元位列第 498 位。

2020 年 1 月 21 日，是马蜂窝 2020 年春节前的最后一个工作日，陈罡牵头成立了“马蜂窝疫情应急指挥中心”，梳理退款流程，上线相应的自主退款服务和实时更新退款政策。

2020 年 2 月，马蜂窝推出旅游直播频道，满足游客疫情期间的“云旅游”需求，全年推出了数万场覆盖全球旅游目的地的精品旅游直播，并逐步开展了旅游直播栏目化、专业化的探索。

2020 年 3 月，中国旅游研究院发布 TPI（Travel Property Index，在线旅游资产指数），马蜂窝率先将该指数应用于产业实践，为旅游业的线上化、数字化发展赋能。

2020 年 4 月，马蜂窝旅游发布首份行业直播报告《旅游直播时代——文旅生态洞察 2020》。报告指出，相较于泛娱乐化直播，旅游直播的观众更青睐户外深度玩乐体验，对旅行玩乐内容的“纯度”、体验的深度都有更高的要求。相比于“卖口红式”以低价为优势的电商直播，旅游直播的观众往往先被直播内容吸引，进而才形成旅游消费决策。这要求平台具备迅速聚集全球旅游达人、商家、旅游管理部门的能力，在提供有趣的旅行内容的同时，也要提供性价比超高的旅行玩乐产品。

2020 年 7 月，马蜂窝旅游推出“安心游攻略”计划，为疫后渴望出游的游客提供安心、安全、有保障的旅游消费决策信息和优质旅游产品。

2020 年 7 月 22 日，马蜂窝获评艾媒金榜（iiMedia Ranking）发布的《2020 中国新经济独角兽本地生活领域 TOP20 榜单》前 20 名。

2020 年 8 月 4 日，胡润研究院发布《2020 胡润全球独角兽榜》，马蜂窝排名第 169 位。

2020 年 9 月，马蜂窝旅游基于疫后年轻游客对于新兴小众目的地的旅游需求，推出“中国新秘境”榜单，并于 11 月推出针对冬季旅游市场的“冬季新秘境”榜单，帮助年轻游客深度探索中国大地上不为人知的小众旅行地。

2020 年 12 月 4 日，马蜂窝旅游一年一度的“地球发现者大会”在北京举办，马蜂窝在会上发布了全新的攻略品牌“北极星攻略”——“北极星攻略，省时间，更专业”，为“旅游之前，先上马蜂窝”提供了更充分的理由，稳坐“旅游消费决策第一入口”的称号。“北极星攻略”以深度结构化的攻略内容，为游客搭建从

"发现"到"抵达"所需的一站式信息岛，全面提升游客旅游消费决策效率，让线上旅游内容向精品化、结构化发展迈出重要的一步。

2020 年 12 月 11 日，马蜂窝旅游发布了《旅游夜生活趋势洞察》，通过平台数据基于马蜂窝旅游大数据和针对中国游客的夜间旅游消费调查，深入研究了夜间旅游市场发展的趋势和潜力。

2021 年 1 月 7 日，马蜂窝旅游发布了"2021 马蜂窝旅行者之选"榜单。该榜单基于亿万中国旅行者在马蜂窝旅游 APP 中的行为数据，从旅游内容的发布、传播、互动以及交易指数等方面进行评估。游客在马蜂窝 APP 中搜索"马蜂窝旅行者之选"或者进入热门目的地页面中，即可查询最新年度榜单。

2021 年 2 月 8 日，马蜂窝旅游发布《全球自由行报告 2020——我的中国，就很美！》，用大数据解读疫情下中国旅游的发展情况和旅游消费趋势变化。①

回顾整个 2020 年，马蜂窝通过十余年深耕的旅游内容和大数据技术，在疫情对传统旅游业造成巨大冲击时迅速反应，敏锐地洞察了新旅游消费需求的核心痛点和趋势变化，并针对性地为游客提供所需的旅游内容和产品服务，满足用户的个性化出行需求。未来，马蜂窝也将延续这一发展方向，通过科技创新和模式创新推动中国旅游业的高质量发展，帮助中国游客实现每一个旅游梦想。

三、发展特点

（一）直播专业性凸显

实际上，马蜂窝在 2019 年底就已将包括直播和短视频在内的"视频化攻略"作为业务重点。新冠疫情暴发加速马蜂窝的直播项目推进，2020 年春节之后项目迅速启动，3 月份上线，截至 2020 年 11 月底共进行了将近 1000 个目的地的数万场直播。

马蜂窝直播的专业性一方面体现在内容制作和现场运营上。相比传统的图文内容，直播能够更加真实、完整地呈现目的地的旅行体验，为用户种草和拔草提供更加直观的参考信息。另一方面体现在直播功能的独特性上。一是马蜂窝的直播和攻略等长文字内容可以相互链接，该功能被称作"攻略书"，将直播种草和深度决策需求进行打通；二是马蜂窝的直播上线了画中画功能，即主播在直播过程中可以通过另一个画面窗口展现自己曾拍摄的图片或者视频。

（二）发力短内容与视频化攻略

马蜂窝自创立以来，攻略、游记等长内容经过近 10 年积累，已成为其重要的

① 投资界.马蜂窝发布《2020年全球自由行报告》，用数据解读疫情下的中国旅游［EB/OL］.［2021-2-8］. https://pe.pedaily.cn/202102/466605.shtml.

“护城河”业务，助其夯实了在旅游内容领域的领先地位。然而自 2019 年初，在以抖音、快手为代表的短视频平台爆发性增长背景下，马蜂窝宣布加码短内容、短视频，对标小红书、抖音、快手，转向做类似小红书的种草短笔记，试图以此打通短内容与交易的闭环。对于马蜂窝而言，内容的价值是提供“丰富有用的旅行玩乐决策”，帮助用户发现好玩的地方、玩法和人，这样的价值需要长、短内容来共同实现。短内容的价值是碎片化灵感提供发现和见闻；而长内容多为攻略型，可以为消费者提供更为真实和有效的内容，“印证”内容的真实性。马蜂窝近两年的内容变革按照以下轨迹稳步推进：长内容——短内容（短图文、短视频）——视频化攻略（尤其是直播）。客观上来看，马蜂窝发力短内容领域，是在原有的长攻略、游记在信息碎片化时代受到了巨大冲击后新的战略选择。然而，风险并存。虽然马蜂窝分享短内容的用户数有所增长，但也容易失去原有核心用户。

（三）UGC 流量变现困难重重

从旅游社区起步的马蜂窝，自 2015 年发布自由行战略以来，探索出了一条从内容到数据再到交易的商业模式。相比携程、去哪儿等综合类 OTA，马蜂窝的商业化开展过分依赖于 UGC 内容，而 UGC 很难变现是业内共识。UGC 模式的核心是长期保证高品质内容，为平台引流进大量用户。然而在流量实现商业化变现的道路上，UGC 企业还普遍面临着变现的压力，不仅仅在旅游领域，包括豆瓣在内的社区网站都还在变现的道路上缓慢探索，同样的旅游平台还有猫途鹰（Tripadviser），这类平台往往用户美誉度很高，但却难以实现相应程度的流量变现。

四、发展战略

（一）结合当前疫情形势，布局国内游[①]

马蜂窝 CEO 陈罡表示，在布局未来国内游方面马蜂窝有以下发展方向：

首先，迅速提升服务品质。由于全球范围的疫情影响，以往很多更倾向于出境游的高净值人群和年轻群体正回流至国内游，这对国内旅游目的地高质量发展和旅游企业转型升级提出了新要求，国内旅游从业者可以学习和借鉴更多海外旅游管理的先进经验，结合中国自身国情，服务好这部分游客的需求，迅速提升服务品质，开发更多样的旅游产品和服务，推进旅游业高质量发展。

其次，一些新兴的文旅体验正越来越受到年轻人的欢迎，是国内游的“新活力”所在，也是旅游消费新的增长点。比如夜间旅游、更符合年轻人需求的新“乡

① 闻旅 . 陈罡：未来，整个旅游行业会深耕产业链［EB/OL］.［2021-2-17］. https://zhuanlan.zhihu.com/p/351102743.

村游”、博物馆和美术馆等文化场所的打造和运营等——这些领域都是旅游消费新的增长点。马蜂窝在 2020 年发布《旅游夜生活趋势洞察》，报告数据显示，有 56.08% 的受访游客对目前夜间旅游项目不够满意，大家认为夜间旅游的丰富程度、体验舒适程度等方面还有很大的提升空间。可见，游客对这些新的旅行玩乐领域有着很高的期待，市场供给与游客现实需求不匹配，这是国内旅游从业者要解决的问题。

最后，新形势对在线旅游平台提出了新要求。对于在线旅游平台来说，要有能力将供需两端的新需求变成数据和产品，高效整合产业链，提供符合国内游新需求的消费品。

（二）推出“北极星攻略”，构建多元营销场景①

2020 年 12 月 4 日，马蜂窝旅游一年一度的“地球发现者大会”在北京举办，马蜂窝在会上发布了全新的攻略品牌“北极星攻略”——“北极星攻略，省时间，更专业。”2021 年，马蜂窝将凭借极致的“北极星攻略”创造更多元的营销场景，为未来的旅游市场打开新的可能。

从旅行冲动到消费行动之间，游客会经历一系列复杂的决策。从确认需求、收集信息，再到规划行程和产品订购，人们在每个决策阶段，都有不同的旅游内容需求，而市场上的碎片化内容显然无法高效地满足游客所需。马蜂窝推出“北极星攻略”这一全新攻略品牌，通过系统化、深度结构化的内容以及“三方共建”模式，用极致的旅游攻略为游客打造一站式的旅游信息岛。

“北极星攻略”目前以目的地为维度进行分发，包含游客决策链条中所需要的全部信息，这些信息还将被实时更新、不断验证。每一篇“北极星攻略”都由三方面的内容提供者共建而成——马蜂窝专业攻略团队负责攻略的梳理、整合与总结，通过平台旅游大数据洞察用户真实需求，并将内容根据用户兴趣、当季热点等形成结构化信息；在攻略团队之外，长期与马蜂窝深度合作的全球各大旅游目的地的旅游局、景区景点管理部门等官方机构都在为攻略提供及时准确的信息；马蜂窝积累了 10 年的社区生态中，还有众多核心创作者、“蜂首”作者、旅行达人、指路人等对攻略进行补充、纠偏和验证，最终形成靠谱的攻略内容，为游客提供行前和行中的参考。

“新冠”疫情以来，马蜂窝旅游一直与全球旅游目的地保持着沟通与合作，提供数据与内容支持。未来，马蜂窝旅游也将继续向全球合作伙伴开放平台内容和数

① 品橙旅游 . 马蜂窝：“北极星攻略”新品牌创造更多元营销场景［EB/OL］.［2020-12-4］. https://www.pinchain.com/article/234345.

据生态，帮助合作伙伴精准链接游客需求，为优秀旅行内容共建者提供创作的土壤，通过极致的旅游攻略不断发掘新的旅游消费潜力，共同迎接“内容为王”的新旅游时代。

第五节　途牛

一、发展概述

（一）企业简介与市场规模

途牛旅游网创立于 2006 年 10 月，2014 年 5 月登陆美国纳斯达克，是美股市场第一家专注于在线休闲旅游的中国公司，也是继携程、去哪儿、同程艺龙后，第四家在美上市的中国 OTA 平台。得益于中国在线休闲旅游市场的高速发展以及客户的广泛支持，自 2015 年第四季度以来，途牛一直位居中国在线休闲旅游市场份额第一。现金流充裕、股东优质、市场定位精准，这个创办 8 年的企业，在纳斯达克上市时股价一度达到 24.99 美元，市值约人民币 217 亿元。然而享受完纳斯达克的高光时刻，途牛的亏损新闻便时有出现。

成立至今，途牛先后获得了约 10 轮、总计近 19 亿美元的融资。2014 年上市后，途牛在当年 12 月获得了由京东、携程、弘毅投资的 1.48 亿美元；2015 年 5 月，途牛继续获得了红杉、DCM（Doll Capital Management，多尔投资管理咨询公司）、淡马锡等领投的 5 亿美元；2015 年 11 月又获得由海航旅游投资的 5 亿美元。

截至 2018 年年底，途牛合作的旅游服务供应商逾 16 500 家，可以为消费者提供的跟团和自助等打包旅游产品超过 220 万种，还有丰富的机票、酒店、签证等单项旅游产品。截至 2019 年 3 月，途牛累计服务超过 1.08 亿人次出游，共获得客户点评 600 多万条，产品综合满意度达到 93%。

（二）2020 年财报分析

2021 年 3 月 16 日，途牛旅游网（下称“途牛”，TOUR. NASDAQ）公布截至 2020 年 12 月 31 日未经审计的第四季度及 2020 年财报。2020 年全年，途牛净收入同比下降 80.3% 至 4.5 亿元，净亏损 13.44 亿元，上年同期净亏损为 7.294 亿元。不按照美国通用会计准则，途牛 2020 年净亏损为 12 亿元（约合 1. 901 亿美元）。报告显示，第四季度，途牛净营收为 1.187 亿元，同比下滑 73.7%。净亏损为 9.218

亿元，上年同期净亏损为 4.014 亿元。不按照美国通用会计准则，净亏损 8.854 亿元。整个 2020 年，途牛净营收为 4.530 亿元（约合 6900 万美元），较 2019 年下滑 80.3%。净亏损 13 亿元，相比 2019 年的 7.294 亿元增加 78%。不按照美国通用会计准则，净亏损 12 亿元。

从全年来看，第二季度的财报受疫情的影响最为明显，收入仅为 3402 万元，同比暴跌 93.46%。在第三季度和第四季度国内旅游市场回暖后，收益一度恢复到 1.235 亿元和 1.187 亿元，但同比 2019 年还是下降 85.51% 和 73.7%。第四季度途牛的毛利率为 40.3%，而 2019 年同期的毛利率则为 48.0%，同时 2020 年全年的毛利率为 47.3%，出现小幅下跌。这种情况出现的最根本原因还是途牛主营业务的低迷。

具体到收入构成来看，第四季度，途牛的营收主力军——团游业务贡献营收为 8310 万元，同比下降 75.9%，而团游业务在 2020 年共计为途牛贡献了营收 3.024 亿元（约合 4630 万美元），较 2019 年同期下降 84.0%，这是由于受疫情影响，公司暂停了打包旅游产品销售。2020 年，其他收入为 1.479 亿元人民币（约合 2270 万美元），较 2019 年同期下降 62.5%，业绩下滑也是由于受疫情影响，导致单项旅游产品佣金收入和保险服务费下降以及金融服务收入的下降。

收入下降的同时，途牛也在节省开支。2020 年第四季度公司成本费用全面下降，其中研发费用为 1280 万元，同比下降 83.8%。该部分下降是研发工作和研发人员相关支出减少导致的；此外，销售和营销费用支出 1.132 亿元，同比下降 52.8%，下降原因也是销售和营销工作及人员相关支出减少。不过，本季度途牛管理费用仍居高不下，该部分支出 8.48 亿元，同比增长 147.4%，这主要是受疫情影响所致，如不计非现金项目在管理费用中的减值，途牛在 2020 年第四季度和 2020 年全年的管理费用较上年同期则均大幅下降。

2020 年，途牛归属于普通股股东的净亏损为 13 亿元人民币（合 2.005 亿美元），而 2019 年同期归属于普通股股东的净亏损为 6.992 亿元人民币。

截至 2020 年 12 月 31 日，途牛持有的现金及现金等价物、限定用途现金和短期投资合计为 16 亿元，环比上季度持平，足以满足未来的业务经营管理需求。

二、发展动态 ①

（一）精细化客户服务：坚守“客户第一”，优化直营地接，攻坚“零差评”

2020 年，途牛始终坚持“客户第一”的原则，全力保障客户的权益。疫情初

① 品橙旅游 . 途牛：2020Q4 收入降幅收窄　任命新独立董事［EB/OL］.［2021-3-16］. https://www.pinchain.com/article/242273.

期，途牛第一时间为客户提供了行业一流的退改服务和保障，疫情期间为退订客人承担的直接损失超过 1 亿元，为供应商垫付的对客退款同样超过 1 亿元。

同时，途牛继续拓展直营地接服务网络，新增筹建两家随往直营地接社（注：途牛自有品牌），截至目前，国内随往旅业目的地接待网络覆盖范围已超过 30 个目的地，持续为客户提供高质量服务，不断升级客户体验。

截至 2020 年年底，随往地接社客户综合满意度超过 97%。途牛的直营地接网络为客户的目的地出游提供了充分保障，第四季度，使用直营地接的产品 GMV 占打包旅游产品 GMV 的近四分之一。自 2021 年初，途牛各地随往直营地接社陆续开展直营接待“零差评”启动会，升级经典款、基本款产品，以客户为中心实现高质量，深化拓展目的地直营接待服务网络。

（二）差异化产品聚焦：洞悉需求变化，升级产品品牌，满足多元需求

自 2020 年二季度开始，国内旅游复苏情况稳中向好。在疫后的复工复产过程中，途牛始终紧跟客户需求变化，积极研发、升级产品，以满足客户在不同阶段的出游需求。2020 年 4 月中旬，途牛开启直播带货的步伐，并通过“产品日”将直播活动常态化，通过线上互动的形式加深与客户之间的连接。

途牛洞察客户需求趋势，结合市场动向，加大自主研发产品的投入，从行程组合、成团人数、资源组合等多个维度进一步结构化，设计多样化的动态产品组合以满足客户的旅游需求。途牛“高品质跟团游”产品品牌“牛人专线”也在三季度实现了全面升级，启用全新 logo，继续升级产品，改善服务细节。

途牛预订数据显示，春节后，用户预订数据持续增长。2021 年，途牛将继续加强产品研发组织，积极产品创新，研发新产品满足新需求，满足精华深度浓缩、个性化、定制化需求。

（三）数字化实现高质量：把握细分领域，创新从预订到出游全过程体验

在高质量方面，途牛更加细致深入地挖掘用户的小众需求，把握好各细分领域的特性，通过细分市场的产品升级，实现产品覆盖的广度和高满意度、高附加值的深度。

途牛通过加强系统之间的互通和数据信息的内部流转，一方面实现资源共享和利用最大化；另一方面，通过数字化提升效率，支撑产业链闭环，创新旅游从预订到出游全过程体验。

数字化除了能够让企业更好地实现高质量，也有利于途牛更好地实现从出发地到目的地，从消费到供给，从预订到接待闭环的一体化目标，更有利于开放发展渠道营销合作，缩短产业链环节，提升产业链效率，提升质量，实现差异化发展。

（四）公布新董事任命，高管出现人事变动

从 2017 年开始，途牛迎来了高管离职潮。当年 11 月，途牛宣布公司联合创始人、总裁兼首席运营官（COO）以及首席财务官（CFO）因个人原因离职。不仅如此，包括首席技术官、人力资源高级副总裁、再加上区域副总裁等高管大量离职。而途牛近期在高管人事方面变动很大。途牛发布财报后宣布，将任命程海晋先生担任公司独立董事，原董事陈文女士将辞去董事职位，程海晋先生将接替陈文女士成为公司审计委员会成员。上述调整均自 2021 年 3 月 17 日起生效。同时公司 CFO 辛怡因个人原因递交辞呈，于 2020 年 5 月 31 日正式离职。目前，途牛已开始寻找新任 CFO。企查查亦显示，2020 年 3 月 5 日，陈杰卸任途牛信息法定代表人，由朱春晔接任，朱春晔目前职务是途牛助理副总裁。

三、发展战略

（一）巩固团游优势业务，加大自营地接社建设

主营业务低迷的途牛，做了不少动作试图重振团游业务，继续为整体业务带来好的发展。比如，将团游业务的重点放在小团、私家团方面，积极和旅游目的地合作，打造较为完备的目的地服务网络。

这一方面缘于后疫情时代的特性。疫情之后，很多消费者对于大团模式会有一定的排斥，小团和私家团更适合后疫情时代的跟团游需求，并且人数较少的跟团游也可以更精细化满足消费者的出行以及游玩需求。另一方面是由于消费者需求的升级。在 2014 年之前，消费者大多还是打卡式的旅游，对产品体验度要求不高，途牛深耕跟团游，稳扎稳打，业务扩张迅速。随着消费升级的趋势，消费者希望获得更高质量的消费体验，出行旅游同样如此。于是途牛除了进一步和旅游目的地合作外，还建设了较为完善的服务网络，及时优化出游服务保障，为消费者提供更高质量的出游体验。

此外，途牛继续加大了自营地接社的建设。目前途牛建设的随往旅业已经是国内规模最大的地接社之一，而且通过随往旅业在服务、导游、目的地等方面的优势，途牛可以提供给游客更好的出游产品以及服务。

（二）自救过程难题不断

对于途牛来说，在目前围绕着起家的团游业务自救过程中，难免遇到很多困难。首先需要面对的难题来自资金压力。虽然一直专注于团游的途牛在这项业务上有一定的优势，但是将自身业务重心转移到小团、私家团后，也对途牛的精细化运营能力提出了挑战，这就需要途牛加大资金投入来提升平台的精细化运营。另外，

旅游目的地服务网络方面的完善，对专业导游人才以及资金的需求同样不小。这两个方面都对途牛的资金实力提出挑战，而对途牛来说，长期的资金投入是个难题。

其次是来自不稳定收入结构的压力。虽然专注在某一项业务上可以尽快建立护城河，并且形成自身优势，但是如果没有及时建立起优势的话，在这项业务上取得的成绩很快会被强势的竞争对手抢走，让自己陷入被动。对于途牛来说，团游业务虽然是其重点发展方向，但是却没有及时建立起足够的优势，以至于如今的途牛不得不面对业务单一所带来的营收结构单一以及抗风险能力下降等诸多问题，并且团游业务的表现也持续走低。因此“专一”成为途牛的特点，也成了发展限制。

（三）专攻度假潜力依旧[①]

途牛近两年危机不断，而疫情影响下出境跟团游的停摆，更是雪上加霜。不过，在此之前，途牛在在线度假领域的专攻已经有所成效。据艾瑞咨询数据显示，2017 年中国在线度假市场交易规模达 978.9 亿元，较 2016 年增长 31.8%。头部企业的市场份额保持稳定，途牛力压携程、驴妈妈，名列第一。其中，途牛旅游度假市场份额最大，占据 23% 的市场地位；携程紧随其后，市场份额为 22%，与途牛仅相差 1%；而同程和驴妈妈分别占比 12% 和 10%。依靠体验质量的提升，这一策略确实为途牛带来更多忠诚顾客，形成稳定的市场群体。如果整个旅游业市场持续复苏，途牛依然拥有在度假市场持续扩张的潜力。

① 中商情报网. 2018年中国在线旅游行业市场前景研究报告（附全文）[EB/OL]. [2018-07-23]. https://www.askci.com/news/chanye/20180723/1751501126525_7.shtml.

第三章 旅游服务平台

在线旅游服务发展的 20 年，见证了不同模式的企业在这个市场中的变革历程。在传统 OTA 之外，大型互联网电商企业始终在寻求进入在线旅游服务市场的切口，BAT 三巨头——百度、阿里巴巴、腾讯——不断尝试着用资本、技术和流量为在线旅游服务行业赋能，京东、美团等电商企业也在探索进入这一市场的有效模式。无论是传统 OTA 的“价格战”，还是互联网电商企业的切入，流量红利始终是影响在线旅游服务企业的重要因素，牵引着行业的发展脉络。

百度从 2011 年推出百度旅游，后者定位为旅游信息社区服务平台，但它在卖广告和做预订交易之间摇摆不定，终于 2019 年 6 月关停；但百度拥有携程 19% 的股份[①]，又不断通过百度智能小程序为小红书引流。腾讯投资同程网和艺龙旅行网，在 2015 年将微信红包的旅游入口开放给了同程网，近两年，腾讯则利用自身的优势与 OTA、酒店、景区等进行合作，与携程共同成立苏州航旅科技公司，与格林酒店探索“酒店 + 游戏”营销新模式；腾讯在文旅上也有所布局，2018 年上线了“腾讯文旅”品牌，在同年与云南省人民政府上线了“一部手机游云南”，以技术为基底，嫁接平台的其他能力，助力文旅发展[②]。京东在 2015 年成为途牛最大的股东，但在 2020 年 6 月转让途牛的股份给凯撒，与此同时，它与携程进行战略合作，接入携程的旅游产品。

腾讯和京东之外，阿里和美团通过差异化的定位发展旅游业务，如今模式已经

① 环球旅讯 . 百度旅游将停止服务，入局在线旅游 8 年难起水花［EB/OL］.［2019-06-19］. https://www.traveldaily.cn/article/129889.

② 环球旅讯 . 腾讯阿里美团都在做的景区生意，能溅起多大水花？［EB/OL］.［2020-09-21］. https://www.traveldaily.cn/article/140670.

较为成熟。阿里早在 2009 年就开始试水旅游业务，于 2010 年正式上线“淘宝旅行”，2016 年升级为“飞猪”；不断布局境外市场，并利用自身生态优势，利用技术赋能商家，推动行业升级。而美团则是从团购切入旅游，利用自身在本地生活场景上的优势，以低频消费带动高频旅游消费，如今在酒店市场直逼携程，在 2019 年其酒店间夜量超过携程，并不断向高星酒店市场发力。阿里和美团利用差异化的定位形成了不同于传统 OTA 的特色鲜明的旅游服务平台。

第一节 飞猪旅行

一、飞猪旅行简介

飞猪旅行（简称飞猪）是阿里巴巴旗下的综合性旅游出行服务平台。飞猪整合了数千家火车票、机票代理商、航空公司、旅行社、旅行代理商资源、直签酒店、客栈卖家等为广大旅游者提供特价机票、酒店预订、景点门票、度假产品等一站式旅游服务。

飞猪旅行创立前后品牌发展历程主要包括三个阶段：入场阶段——淘宝旅行、探索阶段——阿里旅行·去啊、成长阶段——飞猪旅行。

（一）入场阶段——淘宝旅行

2010 年 5 月，作为互联网企业三巨头之一的阿里巴巴以淘宝网为依托，整合资源，推出“淘宝旅行”平台，为旅游者提供国内机票、火车票 / 国际机票 / 酒店客栈 / 景点门票 / 国内国际度假旅游 / 签证（通行证）/ 旅游卡券 / 租车 / 邮轮等旅游产品的信息搜索、购买、售后服务的一站式解决方案[①]。正式拉开阿里巴巴进军中国在线旅游市场的帷幕。这一阶段，主要通过资本运作的方式向在线旅游市场渗透，如在 2013 年 7 月战略投资穷游网，2014 年 3 月入股百程旅行，2014 年 9 月投资酒店信息服务商石基信息。

（二）探索阶段——阿里旅行·去啊

2014 年 10 月，淘宝旅行成为独立平台“阿里旅行·去啊”，聚焦在线旅游服务市场。在这一阶段，阿里开始尝试运用技术创新为在线旅游服务行业助力，提出

① 环球旅讯 . 阿里将分拆旅行业务 拟推全新独立品牌［EB/OL］. https://tech.163.com/14/1023/14/A98G3SH1000915BD.html，2014-10-23.

“未来酒店”“未来景区”“未来飞行 +”等“未来系列”发展战略以及“万游引力”度假 IP 战略等，支付宝的交易、授信、信用等服务在“未来系列”中起着至关重要的作用。

（三）成长阶段——飞猪旅行

2016 年 10 月，阿里旅行升级为全新的“飞猪旅行”，英文名“Fliggy”，将目标客群锁定为互联网下成长起来的年轻人（80 后、90 后、00 后），结合阿里大生态优势，通过互联网手段，让消费者获得更自由、更具想象力的旅程，成为年轻人度假尤其是境外旅行服务的行业标杆①。飞猪是面向年轻消费者的休闲度假品牌，与面向企业差旅服务的阿里商旅一起构成阿里巴巴旗下的旅行业务单元。这一阶段，“未来系列”的产品一一落地，新旅行联盟 1.0 和 2.0 的提出使飞猪对自身的定位和发展战略更加清晰和明确。

二、2020 大事记

1 月 20 日，飞猪联合支付宝与中免集团在杭州、广州、西安机场免税店和香港 cdf Beauty（香港东荟城免税店）市内店推出春节活动，为消费者提供超低折扣，而消费者只需在飞猪“出境购”频道（于 2019 年上线）提前下单，回程时取货即可。

1 月 23 日，发布疫情期间退改保障公告，对“关键时段”——1 月 23 日到 2 月 8 日出行的全部订单，实行 100% 免费退改保障政策；1 月 31 日，升级保障政策，将 2 月 29 日出行的全部国内游（含港澳台）订单 100% 免费退改，到 1 月 31 日，国内游退改完成率达到 98%②；2 月 3 日，飞猪再次升级新型冠状病毒肺炎期间旅行产品退改保障政策，国内外所有 1 月 31 日（含）之前的预订的、1 月 23 日至 2 月 29 日出行的酒店订单，一律免费退订。同时，飞猪通过开发自主退改功能、飞猪主播蓝安卿直播答疑，引导用户自主退改，同时利用云客服帮助用户退改。

2 月 7 日，飞猪推出新政策，对涉及持中国护照（不含港澳台地区）或湖北证件限制入境地区的机票订单，不论政策是否覆盖，用户只需在飞猪的“非自愿退票”频道，即可自主免费办理退票，有效出行时间最长可达 4 月底。

2 月 11 日，飞猪推出平台商家扶助计划，对于积极为消费者提供免费退改签的商家给予“新旅行联盟—优质服务商家”称号，并多获得 180 天的“优质服务”标

① 环球旅讯.阿里旅行更名为飞猪，真的能飞起来？[EB/OL]. https://www.sohu.com/a/117477909_118838，2016-10-28.

② 环球旅讯.飞猪国内游总经理吴涛：借助阿里经济体力量，帮助商家尽快恢复旅行生意［ EB/OL ］.［ 2020-02-05 ］. https://www.traveldaily.cn/article/135470.

签；同时向商家开放阿里的多端流量，飞猪、淘宝、支付宝、本地生活平台等；对于武汉地区的商家免除6个月平台服务年费，其他地区则免除3个月费用；蚂蚁金服的网商银行为商家提供为期12个月扶助贷款；飞猪与蚂蚁保险合作，为酒店和旅行社的商家提供特定商品，赠送商家经营损失责任险；针对有意转型的中小商家，平台会尽力提供包括课程、培训以及技术等多方面的支持，为商家后续经营提供支持。其中，“商家经营损失险”增加了旅游行业一些特殊的不可抗力因素，包括境外目的地发生暴动、公共交通行业罢工、气象局公布恶劣天气停止出行、出发地或目的地发生自然灾害、出发地或目的地发生突发性传染病以及出游人感染流行疾病而被依法隔离等①。

2月17日，淘宝大学阿里新旅游学院开启了公益课程，针对会员运营和内容运营为商家答疑，助力商家积蓄能量，有近2000家商家参与此次直播②。据悉，淘宝大学阿里新旅游学院于2018年由飞猪和淘宝大学共同创立，为商家提供行业定制课程。

2月20日，北上广深和新一线城市杭州等400多个城市、2万多家酒店积极加入飞猪“复工放心住”。“复工放心住”是飞猪为迎接复工复产的差旅旅客发起的活动。除此之外，阿里商旅联合国内主要酒店连锁集团，针对复工的企业推出“企业安心住”服务。无论是“复工放心住”还是“企业安心住”，相关酒店都是严格遵守当地政府复工原则并通过审核，且具有严格的防护措施。

2月21日，飞猪上线“宅家旅行计划”，主要通过直播的方式助力商家运营粉丝，助力私域流量的积攒，为行业复苏做准备，计划与商家及来自全球30多个国家和地区的旅行达人陆续为用户每天带来超过100场的直播。

5月14日，凡尔赛宫在淘宝飞猪直播间开启全球首播，线下闭馆后，由馆长亲自讲解带领观众云游览凡尔赛宫；而在6月30日，大英博物馆也在飞猪开启直播，并安排会中文的工作人员作为主播；9月22日，卢浮宫也通过飞猪和淘宝将蒙娜丽莎、胜利女神像、加纳的婚礼等世界级艺术品展现给中国观众欣赏。

5月22日，飞猪联合小猪短租、海南省旅游和文化广电体育厅、海南省住房和城乡建设厅共同启动“乘风破浪de民宿们”海南省特色民宿专场直播推介活动，为观众提供极具性价比的套餐，同时由小猪短租创始人陈驰、海南省旅游民宿协会会

① 环球旅讯.飞猪推“商家经营损失险”填补旅游业空白［EB/OL］.［2020-02-13］. https://www.traveldaily.cn/article/135673.

② 环球旅讯.直播授课、在线答疑，飞猪联手淘宝大学开公益课程助商家炼内功［EB/OL］.［2020-02-19］. https://www.traveldaily.cn/article/135810.

长王连涛以及海南省旅游和文化广电体育厅行业管理处副处长刘静文等大佬亲自直播，直播 2 小时，销售额突破 200 万元，直播累计观看人数超过 50 万，互动量超 180 万[①]。

7 月 15 日，飞猪推出“任性飞”活动，可以 66 元飞全国（所有不含机场建设费、燃油税费的国内机票〈包括港澳台地区航线〉，票面价格在 500 元及以下的，均可减至 66 元，高于 500 元的补差价即可），不限航司、不限航线、不限出行时间，而彼时恰逢跨省游恢复；首期活动时间为 7 月 15 日—7 月 30 日，限量 4 万套，每天 10 点和 20 点在飞猪 App 开抢。与各航司的“随心飞”产品相比，“飞猪任性飞”更具灵活性，限制较少且抢中次数不限，同时按票面价（含优惠）累计航司积分。

8 月 7 日，飞猪将 88VIP 升级为“飞猪优享卡”，从 9 月 8 日起可在 88VIP 专区领取，用户可享受全年 12 次火车票无忧退。

8 月 9 日，厦门在飞猪发放 3000 万元旅游消费券，每套 400 元，包括酒店商品和度假商品券，在飞猪或淘宝搜索“快乐厦门游”即可领取，且每个用户限领 1 次。当天还开启了“厦门文旅消费十二时辰云直播”，由厦门广电集团主持人带领观众云游览厦门。

9 月 8 日，飞猪推出百亿补贴计划，包括酒店、民宿、景区等产品，为国庆市场做准备。其中酒店和民宿产品包含了不同星级和不同类型，比如莫干山旅游旗舰店的精品民宿都在活动之中。其中产品补贴与酒店价格一样实时变化，景区价格则低至日常的五折。百亿补贴首期从酒店产品开始，覆盖全国 100 个城市 10 万家酒店，在推出 10 日后，百亿补贴酒店预订量迅速增长，超过同期 150%，尤其是高星酒店增幅明显[②]。

9 月 26 日，飞猪上线“双百亿补贴”。“双百亿补贴”由飞猪和聚划算百亿补贴共同推出，在此补贴之下旅游景区、乐园、酒店等现全年最低价，比如上海迪士尼乐园门票价格低于四折。

9 月 28 日，飞猪推出会员专属“省钱卡”，可与百亿补贴叠加使用，卡内具有价值 70 元的酒店、机票和火车票的直减礼包。通过省钱卡，能够为商家聚合公域和私域流量，增强用户黏性，也是飞猪在会员战略上的重要一步。

9 月 29 日，阿里与众信旅游签署《股份转让协议》，以 3.8 亿元入股，成为众

① 环球旅讯. 海南省级“金银宿”淘宝直播首秀受热捧，飞猪联合小猪助力目的地旅游民宿复苏［EB/OL］.［2020-05-25］. https://www.traveldaily.cn/article/138004.

② 品橙旅游. 飞猪：首个旅游百亿补贴带动酒店预订劲增 150%［EB/OL］.［2020-09-18］. https://www.pinchain.com/article/227827.

信的第三大股东，持股 5%[①]。

10 月 21 日，天猫双 11 预售第一天，“飞猪任性飞”升级，联合包括海航在内的国内 11 家航空集团，涵盖 1000 多条航线，各个航司在使用范围、有效时长等方面做出了优化。

三、战略解读

（一）平台化——技术、会员与营销，连接消费者与商家

飞猪依靠淘宝平台模式切入旅游业，从阿里旅行开始就将其自身定位于“开放平台”，用技术赋能旅行服务提供商。以技术创新带动行业升级。OTA 平台拥有消费者和商家（包括自营）两种角色，而淘宝体系的平台除了这两种角色之外还包括 TP（TaoBao Partner，淘拍档）和 ISV（Independent Software Vendors，独立软件开发商）。商家如旅行社、酒店、航空公司、景区等是可以提供实际服务的实体；TP 的作用则是辅助这些商家提供服务，如辅助旅行社在阿里旅行平台发布商品，同时也可以为消费者提供选择商品时的咨询服务（旺旺服务）；ISV 是软件供应商，帮助商家打造 IT（Internet Technology，信息技术）系统，同时承担商家系统和阿里旅行系统之间的衔接工作，而石基就是此类 ISV。

2014 年阿里以 28.1 亿入股石基信息，占股 15%。石基信息是酒店信息服务商，主要从事酒店信息管理系统的软件开发与销售、系统集成、技术服务业务，拥有西软、千里马等品牌，并在中国五星级酒店业信息管理系统（Property Management System，PMS）市场占有 90% 以上的份额[②]。两者在酒店系统直连、后付预订产品开发和账单扫码支付、会员服务平台接入等方面进行合作。2016 年，飞猪联合石基和首旅建立未来酒店公司；2017 年，阿里投资部门 ALIBABA SJ INVESTMENT LIMITED（简称“阿里 SJ 投资”）以 4.86 亿美元收购了石基零售 38% 的股份[③]。

利用自身的平台生态优势为 TP 和 ISV 提供数据支持，通过 TP 和 ISV 赋能商家，为消费者服务，实现商家与消费者的直连。

---

① 财经热报 . 众信旅游获阿里 3.8 亿元入股，未来看点在与飞猪的协同效应［EB/OL］.［2020-10-09］. https://baijiahao.baidu.com/s?id=1680051485442378534&wfr=spider&for=pc.

② 环球旅讯 . 联手石基 淘宝旅行如何筑梦？［EB/OL］.［2014-09-29］. https://www.traveldaily.cn/article/84944.

③ 环球旅讯 . 石基信息以 4.86 亿美元将石基零售 38% 股权卖给阿里［EB/OL］.［2018-02-09］. https://www.traveldaily.cn/article/120287.

1. 未来系列——科技助力行业数字化发展

未来酒店——科技与最后一米的温度。2015 年 3 月，阿里旅行发布“未来酒店 1.0”战略，携手酒店同业打造基于信用体系的新型在线旅游服务平台。基于阿里的五大平台能力，解决酒店行业中存在的高佣金、账期长、信息不畅通等痛点，提升酒店运营效率和用户体验。未来酒店第一阶段上线的是与芝麻信用合作的“信用住”，用户芝麻积分达到 600 分即可选择信用住，先住后付、零押金无担保、无须排队，只需在离店时将门卡放到前台。信用住突破了前台现付返佣模式，通过芝麻信用了解用户的信用水平。解决了酒店最担心的 No-Show 率（指用户预订后未实际入住）高的问题。数据表明，传统 OTA 平台上酒店 No-Show 率在 40%~50%，而信用住使之降低到 30% 以下。截至战略发布时，包括香格里拉、喜达屋、金陵、开元等高端酒店集团以及如家、华住、易佰等经济型酒店集团的全国 5500 家酒店加入了“信用住”计划①。同年 7 月，阿里旅行与浙江君亭酒店管理股份有限公司联合推出“未来酒店”样板店。

2016 年 3 月，飞猪宣布与首旅酒店及石基信息成立合资公司——浙江未来酒店网络技术有限公司，阿里占股 49%②。此公司为单体酒店和区域性连锁酒店，提供品牌运营、技术支持、大数据联动等整体服务，并建立以互联网为核心的未来酒店品牌联盟，解决单体酒店连接互联网的问题，为未来酒店 2.0 打基础。飞猪一年内，公司运营服务酒店 2 万家，日服务达到 10 万间夜③。

2016 年 5 月，飞猪宣布“未来酒店 2.0”战略。此次战略在 1.0 的基础上进行升级，增加了在线 VR（Virtual Reality，虚拟现实）选房、人脸识别 Check-in（入住）、智能门锁、提前预约发票等功能，同时引入天猫精灵，增加酒店与用户之间的接触点；此外还将“先享后付、免押”等服务延伸至酒店的餐饮、SPA（水疗）、娱乐活动等服务，升级了酒店全场消费场景④。

2018 年，飞猪推出未来酒店——菲住布渴（Fly Zoo Hotel），致力于将复杂的工作留给系统，简单操作留给客人和员工，带动酒店科技行业的变革。实现无前台、自助办理入住、人脸识别、天猫精灵等操作，阿里通过自身的技术优势减少

① 环球旅讯 . 阿里旅行未来酒店战略：整合五大平台挑战 OTA［EB/OL］.［2015-03-30］. https://www.traveldaily.cn/article/90683.

② 在线旅讯 . 传统酒店门口出现野蛮人：阿里旅行、首旅酒店、石基合资公司“未来酒店”揭牌［EB/OL］.［2016-08-11］. https://www.sohu.com/a/110073395_180038.

③ CHTA. 飞猪 + 首旅 + 石基合资公司成立一年　代运营酒店超 2 万［EB/OL］.［2017-08-16］. https://www.sohu.com/a/165125601_316950.

④ 环球旅讯 . 关于未来酒店　飞猪联手万豪　要走集团化、高端化的新路子？［EB/OL］.［2017-09-21］. https://www.sohu.com/a/193501772_118838.

人工成本，优化消费者体验。而在其背后是阿里生态的强大支持，阿里云——稳定安全的大数据底层服务、钉钉团队和阿里巴巴企业智能——数字化工作平台、石基——酒店管理系统、A.I.Labs（阿里巴巴人工智能实验室）——天猫精灵、饿了吗、口碑——本地生活支持、优酷——娱乐影音支持、韦陀——酒店智慧安防、支付宝——打通消费者行前、行中、行后的不同需求，提供小程序和酒店自运营能力的支持①。除一系列的黑科技之外，菲住布渴也有人工服务，比如大堂服务大使；同时设计了系列主题房，比如国家主题、儿童主题、阿里生态 IP 房（天猫国际、飞猪锦鲤房等）等；在科技之外强调最后一米的温度。

未来景区——助力智慧景区。2015 年 9 月，阿里旅行启动“未来景区”战略，依托于阿里生态，赋能景区，为景区解决高度依赖 OTA 和旅行社、营收模式单一等痛点，同时为游客解决在景区购票排队长、景区易迷路、难找厕所等问题，提升游客游玩体验，推动门票无纸化、电子化入园、智能导航等智慧景区发展。“未来景区”主要有四个模块：一是“信用游”，“先游玩后付款”，而前提是用户芝麻信用积分达到 600 分，可提前在阿里旅行客户端预约买票，费用在游客入园 24 小时后自动从支付宝账户中扣除；二是“码上游”，游客买票后即可获得二维码，通过手机扫码进入景区；三是“带你玩”，帮助游客合理规划路线；四是“随意付”，游客在景区的店铺直接扫码支付，无须现金。而在 2015 年，华侨城（深圳东部）、黄山、乌镇、古北水镇等都加入了“未来景区”。2018 年 10 月，飞猪携手互联网汽车平台斑马网络升级“未来景区”，围绕互联网汽车 AI（Artificial Intelligence，人工智能）场景引擎，打造互联网汽车专属景区服务，游客到达景点后自动触发购票服务，可在车内完成支付和刷脸入园。2019 年初，飞猪与乌镇打造未来景区新玩法——“一脸游”乌镇，入园、吃饭、玩乐等场景都可以通过一张“脸”游玩，将科技应用在景区各个环节。

2. 联盟——连接消费者与商家

2018 年 10 月，飞猪发布新旅行联盟。飞猪通过打破品牌商家、旅游资源方和飞猪平台的单点合作模式，连接飞猪与商家、阿里巴巴经济体与商家、商家与商家等不同主体，将全链路渗透、全场景覆盖的旅行服务提供给消费者。而连接的基本即数据，通过打破数据孤岛，会员互通，拴住客户。除此之外，商家可以通过系列的 IP，如“飞猪极光专线”以及飞猪品牌日等进行营销，提升品牌知名度和品牌黏性。2019 年 10 月，飞猪发布“新旅行联盟 2.0”，其核心是“一体两翼”，其中

① 酒店高参.阿里生态共同打造的“菲住布渴未来酒店智慧大脑2.0”究竟是什么？[EB/OL].[2020-12-09].https://www.sohu.com/a/437303896_395910.

“一体”是“新店铺运营体系”，在新体系下，开放店铺底层生态，为商家提供全功能、全流量、全场景、数据化的私域运营解决方案，帮助商家从对“货”的运营全面转向对“人”的服务和运营①；商家不仅可以拥有旗舰店，不同门店也能有自己的店铺，同时商家可以通过营销矩阵、内容运营、粉丝互动、个性化装修、数据银行等数字化店铺运营工具，根据店铺特色打造自有阵地。而两翼则是飞猪的“品牌营销”和“会员体系”。

2019 年 12 月，飞猪宣布成立菲住酒店联盟，后者是飞猪旗下“未来酒店”打造的会员社区联盟，目标是为单体酒店打造会员生态系统。菲住酒店联盟经营主体是浙江未来酒店网络技术有限公司——由飞猪、石基和首旅酒店集团于 2016 年成立的合资公司。菲住酒店联盟面向中小单体酒店，用户以 39 元 / 年的价格付费成为菲住酒店会员后，可以享受到九二折价格入住联盟内酒店的优惠。目前可通过菲住酒店联盟小程序、飞猪——菲住酒店联盟旗舰店进行预订。而在商家端，进驻菲住酒店联盟不需要加盟费，亦不需要换牌改造，需要给到联盟“销售结算价”（即所有 OTA 线上销售渠道相同房型实时售卖最低价格）的八五折，并且要完成会员拉新 KPI（即联盟的商家每月至少要增加 60 位会员）。而在此过程中，菲住联盟酒店成员可以通过以下三种方式增收：一是发展会员的收益，商家每发展一名自有会员，即可享受发展会员收益。二是更多的订单，商家可以通过淘宝、飞猪——菲住酒店联盟旗舰店、支付宝、微信公众号 / 小程序等多种渠道获得订单。三是会员入住分佣，也是联盟最核心的一点，当联盟内酒店 A 拉新一位会员后，该会员入住酒店 A，联盟并不收取佣金；当该会员入住菲住联盟内 B 酒店后，A 酒店可从 B 酒店订单中抽取部分佣金。

无论是新旅行联盟还是菲住酒店联盟，底层逻辑是联合商家端，利用技术优势打通数据，实现数据直连，利用阿里海量的生态资源赋能商家。除此之外的两个关键词，便是会员和品牌营销。

早在 2017 年，飞猪副总裁周正表示：“我们是一个会员运营公司。”飞猪在 2014 年上线会员制度，会员可以通过里程兑换单项权益和换取实物。会员分为 F1、F2、F3 三个等级，成为 F1 会员不需要任何费用，而成为 F2 和 F3 会员则需要通过完成相关任务和购买商品达到一定的经验值，等级越高则权益越多，其会员权益大多来自航司和酒店，并和特定品牌进行捆绑。而飞猪会员也在不断升级，比如接入淘宝 88VIP、飞猪会员日等。飞猪在 2021 年 1 月发布会员体系升级计划，增加了 F4 会

① 何易 . 双十一！旅游网店怎么玩、游客怎么选？“一体两翼”飞猪发布旅行店铺新体系［EB/OL］.［2019-10-19］. http://www.whb.cn/zhuzhan/cs/20191019/295519.html.

员等级，取消经验值，增加里程兑换超级红包等功能；同时增加了阿里生态中的生活权益，比如兑换优酷会员、芒果会员、滴滴出行券、淘票票红包等。而与商家的合作方式也不复杂，飞猪与商家打通会员，商家将自身部分会员体系中的等级或权益与飞猪互通，从而使用户成为商家的会员；同时飞猪也会为商家提供用户画像，为商家赋能。对于商家来说，飞猪会员可能成为拉新的用户量以及忠诚的用户，2017年飞猪与万豪成立合资公司，至2019年7月，万豪通过阿里获得了约600万注册会员，且两者在会员体系上已经实现全面打通和积分互换①，而飞猪也在两年内为合作的商家累计新增会员超1700万②。

飞猪超级品牌日。飞猪第一次超级品牌日活动，是在2016年与芬兰旅游局合作，以话题"正宗圣诞老人逛阿里园区并入职飞猪首席品牌官"切入，通过用户画像分析，为芬兰旅游局量身打造具体的品牌营销方案。飞猪超级品牌日旨在打造品牌的"双11"，通过产品深度定制、品牌营销事件、大规模联合投放等玩法，实现爆发式的品牌传播价值以及成交转化，让品牌生动、立体、深刻地与用户建立直接联系③，提升品牌知名度和品牌黏性。而随后，飞猪不断与商家、目的地进行合作，比如小猪、雅高、度假品牌Club Med（地中海俱乐部）等，共同开启超级品牌日。

（二）内容化——内容引导成交，向服务整合平台转型

2020年飞猪提出要将内容作为新的增长引擎，通过跨圈层、跨人群的公域触达，为商家带来私域流量，引导交易成交。飞猪在内容上早有布局，2013年战略投资穷游网，认为穷游网可以为其提供优质的出境游产品服务和内容，帮助用户选择适合的产品④，在2015年上线了旅行攻略、大咖推荐、结伴、增添旅行笔记等功能⑤，在2016年，旅行头条、广场动态、目的地、旅行值得买等内容产品。但飞猪最初将内容集中在出境产品上，认为海外消费就是基于内容的消费⑥。在2016年利用内容促进成交。同时飞猪也提出了"万有引力度假IP战略"，推出极光专线，与

---

① 环球旅讯.万豪阿里联姻近2年：聚焦忠诚会员体验，吸引中国消费者［EB/OL］.［2019-07-30］.https://www.traveldaily.cn/article/130820.

② 环球旅讯.飞猪会员体系升级背后，是新会员难获取，老会员需珍惜［EB/OL］.［2021-01-21］.https://www.traveldaily.cn/article/142998.

③ 环球网.飞猪启动"超级品牌日"计划　打造品牌的双11［EB/OL］.［2017-01-03］.https://tech.huanqiu.com/article/9CaKrnJZwAU.

④ 环球旅讯.阿里集团战略投资出境游社区穷游网［EB/OL］.［2013-07-16］.https://www.traveldaily.cn/article/71866.

⑤ 人人都是产品经理.飞猪产品分析报告：出行旅游攻略［EB/OL］.［2020-06-19］.https://www.sohu.com/a/402842469_114819?_trans_=000011_hw_mz.

⑥ 人民网.飞猪总裁李少华：内容将成为连接用户和商品的主要手段［EB/OL］.［2017-11-16］.https://www.sohu.com/a/204724152_114731.

芬兰等多个国家开展了 IP 营销，同时与英国、阿根廷、加拿大等多个国家合作开启“国家馆”，形成“电商 + 内容”的模式，为用户提供旅行的兴趣、知识以及灵感。2016 年，飞猪上线直播间，供入驻飞猪平台的商家使用，在 2019 年双 11，飞猪与穷游合作推出“全球精玩大会”，通过邀请旅行达人和淘宝多名主播开启直播带货，同时推出“旅行爆款清单”，助力从内容种草到消费交易的旅行者链路闭环，在双 11 当天，酒店 9 小时成交额超去 2018 年双 11 全天，国际机票总成交同比增长 50%、签证件数超过 90 万件、出境游人次超 500 万，商家品牌新增粉丝总数近 500 万，商家新增会员超去年同期 200%[①]。

2020 年飞猪提出，未来三年将强化商家品牌旗舰店、飞猪官方直播间、淘内淘外达人生态三大内容产品，综合输出纯文字、图文、短视频、直播等多样化内容，并计划扶持超过 100 家超过百万流量的直播间；三年内引导成交超过 100 亿元，并培养 3000 个有辨识度的旅行行业达人、打通 3 万个全域合作的明星和达人[②]。

其中，飞猪直播间采用日播的形式，时间为周一到周六，周三为重点场，主打“BOSS+ 独家新品”，同时以新品发布和官方低价（官方让利和新品补贴等）为特点，将官方背书的旅游好货在飞猪直播间以及淘系优质主播中售卖，不仅连接商家和消费者，也将商家和阿里的生态连接在一起，通过商家直播、旅游企业法人直播以及淘系主播直播三种方式进行售卖，形成一端选品全网分发的机制。2021 年 1 月，飞猪推出“飞猪逛吃团”，以“甄选好货 + 盲盒”等方式，打造好买又好玩的直播[③]。

除了官方直播间外，飞猪还引导品牌商家在自家店铺和飞猪官方直播间进行引流，且由自家品牌旗舰店进行交易，飞猪不截留用户，助力其将公域流量转化为私域流量。2020 年，飞猪在“新店铺运营体系”的基础上，推出商家运营体系、飞猪付费运营体系以及飞猪大学助力商家提升运营能力，构建私域流量池。商家运营体系主要是通过飞猪 MCI（商家竞争力指数）进行服务、货品、营销、产能、私域等方面的综合数据诊断；同时在飞猪店铺运营体系的基础上，实现“一键配置、多端投放”，可实现飞猪、淘宝、支付宝端旅游产品的同步展示，以及高德、口碑、饿了么、钉钉等场景的产品对接；此外，利用用户运营工具，将来源于线上及线下的，通过营销、内容、直播等渠道所触达的用户，进行综合分析管理等。飞猪付费

① 环球旅讯 . 飞猪双 11 成绩单：酒店 9 小时成交额超去年，商户增加近 5000 家［EB/OL］.［2019-11-12］. https://www.traveldaily.cn/article/132879.

② 北京商报 . 闯直播红海去 OTA 化 飞猪想做内容商［EB/OL］.［2019-07-30］. https://baijiahao.baidu.com/s?id=1683723897027528980&wfr=spider&for=pc.

③ 品橙旅游 . 飞猪：树内容玩法标杆 官方直播间好买又好玩［EB/OL］.［2021-01-12］. https://www.pinchain.com/article/237587.

运营体系基于本地属性和消费者的属性，使消费者和商家的体验及诉求都能得到满足，主要包括飞猪直通车（智能匹配目标人群来直达成交）和飞猪全景通（运营产品）。而飞猪大学则是为商家提供运营相关的课程以及培训。

飞猪在2019年启动了达人带货计划，形成商家与达人合作的“达人生态体系”。“达人生态体系”的带货模式为，平台将商家提供的商品进行整理后，与商家确定商品的分佣模式，再交由合适的达人进行内容生产及传播，从而完成从“种草”到交易流程。飞猪在2019年已经拥有数千达人，对于有带货能力的达人，平台会给予一定的流量扶持和基金扶持，比如，“环球旅行情报局”以月均新增粉丝10 000+的速度，成长为淘宝直播旅游垂直领域涨粉最快的账号之一[①]。

飞猪在2016年进行品牌升级时，就定位于年轻人的出境游市场，随后不断布局境外资源，通过度假IP战略进行内容营销，同时布局境外租车以及签证的出境支持端。2020年受疫情影响，出境旅游受创，阿里的全球化布局亦受阻。然而同年9月，阿里入股众信旅游，对于阿里来说是对出境供应链的进一步强化；而对于众信来说，则可利用阿里的优势，加速数字化建设，布局国内市场。目前，国外疫情不稳定，出境游何时恢复、未来市场如何，还可期待。

第二节　美团

一、美团简介

美团是一家集“吃、喝、玩、游、购、娱”于一身的一站式平台，聚焦“Food + Platform”战略，以“吃”为核心，以客户为中心，通过科技创新赋能商家，努力为消费者提供品质生活，推动生活服务业需求侧和供给侧数字化升级。目前美团旗下有美团、大众点评、美团外卖、美团优选、美团买菜等APP，主要分为到店、到家以及新业务等板块，其中到店主要包括到店餐饮、酒店、门票度假、到店综合等业务，到家主要是外卖和闪购，新业务包括单车、美团买菜、快驴进货等。

美团网于2010年由王兴创立，最初的业务集中在团购领域；2012年推出电影票线上预订服务；2013年推出酒店预订及餐饮外卖服务；2014年推出旅游门票预

① 中国新闻网．单人一周破亿　双11飞猪千名旅行达人带货卖爆全场［EB/OL］.［2019-11-04］. https://www.chinanews.com/business/2019/11-04/8997665.shtml.

订服务；2015 年美团与大众点评战略性交易，以 5∶5 换股的方式合并，更好地扩展到店餐饮及生活服务品质；2017年国内酒店间夜量超过2亿[①]，同年推出生鲜超市业务；2018 年，美团点评（股票代码：03690.HK）正式在港交所挂牌上市，战略聚焦“Food + Platform”并对组织体系进行升级；2019 年，美团宣布品牌色由蓝色变为黄色；2020 年，将公司名称简化为美团。

美团一直主张无边界，强调本地服务。美团酒店也在不断发展，在巩固中低端酒店市场的同时，不断向高星酒店发起冲击；同时通过深入景区运营，利用自身技术优势助力景区智慧化建设；另外美团也通过大交通事业不断布局异地消费场景，将本地场景优势和异地消费场景结合，助力商家增量增收。

二、美团财报[②,③]

2021 年 3 月 26 日，美团发布截至 2020 年 12 月 31 日的年度业绩公告。

（一）整体财务表现

公告显示，美团总收入由 2019 年的 975 亿元（单位：人民币，下同）同比增长 17.7% 至 1148 亿元。餐饮外卖以及到店、酒店及旅游分部于 2020 年实现总经营溢利 110 亿元，较 2019 年的 98 亿元有所增长。经调整 EBITDA 及经调整溢利净额皆同比负向增长，分别减少至 2020 年的 47 亿元及 31 亿元。

表 3–1　美团 2020 年度财务概要

	截至下列日期止年度				
	2020 年 12 月 31 日		2019 年 12 月 31 日		同比变动
	金额	占收入百分比	金额	占收入百分比	
	（人民币千元，百分比除外）				
收入	114 794 510	100.0%	97 528 531	100.0%	17.7%
经营溢利	4 330 102	3.8%	2 679 860	2.7%	61.6%
年内溢利	4 707 612	4.1%	2 236 165	2.3%	110.5%
非国际财务准则计量：					
经调整 EBITDA	4 737 837	4.1%	7 253 634	7.4%	（34.7%）
经调整溢利净额	3 120 605	2.7%	4 656 685	4.8%	（33.0%）

资料来源：美团。

① 美团 . 关于我们［EB/OL］https://about.meituan.com/about/history.

② 环球旅讯 . 美团2020全年国内酒店间夜量达3.545亿，五星酒店Q4间夜量同比增长超110%［EB/OL］.［2021-03-26］. https://www.traveldaily.cn/article/144272.

③ 美团 . 截至 2020 年 12 月 31 日止年度业绩公告［EB/OL］.［2021-03-26］. http://media-meituan.todayir.com/202103261701041773929787_tc.pdf.

美团经营现金流由2019年的56亿元增长至2020年的85亿元。截至2020年12月31日，现金及现金等价物及短期理财投资的结余分别为171亿元及440亿元，而截至2019年12月31日的相关结余则分别为134亿元及494亿元。

（二）到店、酒店及旅游业务表现

2020年，到店、酒店及旅游业务收入同比减少4.6%至2020年的213亿元，其中，佣金收入约102亿元，在线营销服务收入约为110亿元；到店、酒店及旅游业务的经营溢利由2019年的84亿元减少至2020年的82亿元，而经营利润率则由37.7%升至38.5%。

表3–2　美团2020年度分部财务资料

	截至下列日期止年度		同比变动
	2020年12月31日	2019年12月31日	
	（人民币千元，百分比除外）		
收入：			
餐饮外卖	66 265 319	54 843 205	20.8%
到店、酒店及旅游	21 252 398	22 275 472	4.6%
新业务及其他	27 276 793	20 409 854	33.6%
总收入	114 794 510	97 528 531	17.7%
经营溢利（亏损）：			
餐饮外卖	2 833 369	1 415 880	100.1%
到店、酒店及旅游	8 180 933	8 403 293	2.6%
新业务及其他	10 854 996	6 749 149	60.8%
未分配项目	4 170 796	390 164	不适用
经营溢利总额	4 330 102	2 679 860	61.6%

资料来源：美团。

2020年第四季度，到店、酒店及旅游业务收入仍同比增加12.2%至71亿元；其中，佣金收入约36亿元，在线营销服务收入约为35亿元。到店、酒店及旅游业务的经营溢利由2019年第四季度的23亿元增至28亿元，而经营利润率则由36.7%升至39.5%。

表 3-3 美团 2020 年度按分部及类型分割的收入

	截至 2020 年 12 月 31 日止年度			总计
	餐饮外卖	到店、酒店及旅游	新业务及其他	
	人民币千元			
收入				
佣金	58 592 036	10 193 162	5 428 154	74 213 352
在线营销服务	7 565 111	11 018 337	324 597	18 908 045
其他服务及销售（包括利息收入）	108 172	40 899	21 524 042	21 673 113
总计	66 265 319	21 252 398	27 276 793	114 794 510

资料来源：美团。

表 3-4 美团 2020 年第四季度按分部及类型分割的收入

	未经审核 截至 2020 年 12 月 31 日止三个月			总计
	餐饮外卖	到店、酒店及旅游	新业务及其他	
	人民币千元			
收入				
佣金	19 058 227	3 581 958	1 733 424	24 373 609
在线营销服务	2 441 964	3 538 844	79 875	6 060 683
其他服务及销售（包括利息收入）	37 794	14 558	7 430 860	7 483 212
总计	21 537 985	7 135 360	9 244 159	37 917 504

资料来源：美团。

就酒店预订业务而言，2020 年美团平台上销售的国内酒店间夜量同比下降 9.7%。第四季度在美团平台上消费的国内酒店间夜量同比增长 8.8%。

表 3–5 美团 2020 年度经营数据

	截至下列日期止三个月		同比变动
	2020 年 12 月 31 日	2019 年 12 月 31 日	
	（百万，百分比除外）		
餐饮外卖交易金额	156 287.3	112 138.1	39.4%
餐饮外卖交易笔数	3 331.3	2 505.3	33.0%
国内酒店间夜量	119.7	110.0	8.8%
	截至下列日期止年度		同比变动
	2020 年 12 月 31 日	2019 年 12 月 31 日	
	（百万，百分比除外）		
餐饮外卖交易金额	488 851.2	392 722.5	24.5%
餐饮外卖交易笔数	10 147.4	8 722.1	16.3%
国内酒店间夜量	354.5	392.5	（9.7%）

资料来源：美团。

与此同时，美团平台上高星酒店的供给和预订规模进一步提升。其中，高星酒店间夜量占美团第四季度的酒店间夜总量的比例超过了 15%；顾客在美团上消费的国内酒店总间夜量当中，五星级酒店的间夜量于第四季度同比增长超过 110%。

美团表示，2021 年将在到店、酒店及旅游业务等方面，为实现长期增长和运营优化持续发力。

三、2020 大事记

1 月 10 日，由美团牵头、中国互联网协会批准立项的《酒店在线服务质量评价与等级划分》（以下简称《标准》）发布，是国内首个对酒店在线服务质量进行评价和评级的标准。《标准》基于美团的商家综合运营能力评估体系——HOS（Hotel Operating System）编写，以电子商务平台的单个酒店为评价对象，基础信息、服务能力、经营能力、诚信经营、个人信息安全、规章制度、消费者评价等七项指标为评价体系，对酒店在线服务进行评级。

1 月 15 日，美团关联公司北京三快科技有限公司申请注册“美团景评”商标，目前已注册成功。

1月20日，为应对春节高峰期，美团联合全国1万多家景区推出门票网络提前订业务，开启美团“春节门票早订特惠”专场。增补副总裁郭庆、李树斌为高级管理决策机构 S-team（Senior team）成员。

1月22日，美团升级旅行订单应急服务政策，延期至2020年2月8日，并发起“绿色通道”保障计划，为加入“绿色通道”的酒店、民宿、景区、商户等提供“绿色通道”的特殊标志。

2月5日，美团酒店联合中国饭店协会、全国绿色饭店工作委员会发布《中国酒店客房防疫自律公约》，从防疫消毒物资、人员防疫管理、环境设施防疫管理、疫情信息管理以及服务承诺等五方面进行了细致的指导，同时美团大学还上线相关视频，指导酒店商家和酒店工作人员熟悉防疫实施步骤和流程，截至3月17日，签约商家超过7万家[①]。

2月11日，美团酒店上线“返工安心住”，在北上广深等200多个城市，与多家优质酒店商家进行合作，为返回工作地但无法进入住处和需要隔离的人员提供临时住所。

2月22日，美团点评联合包括东方明珠广播电视塔、平遥古城、钟山风景名胜区、黄鹤楼等33家5A级景区在内的51家景区，发布《中国旅游景区防疫自律公约》。美团为加入《公约》的景区提供防疫培训指导，并为景区防疫过程中的信息化、线上化等提供技术支持，比如为钟山风景名胜区、扬州瘦西湖研发了“实名信息登记系统”，到3月初，已经有2900家景区加入《公约》[②③]。

3月9日，美团升级“春风行动”，为商家提供10亿元经营补贴，助力复工复产[④]。

3月31日，美团点评联合中国旅游集团旅行服务有限公司、中青旅遨游国际旅游有限公司在中国旅行社协会的指导下共同发布《跟团游防疫自律公约》，而美团也将为旅行社防疫信息化、线上化进行技术支持。

4月1日，美团宣布打造“安心出游节”，联合“安心住”和“安心游”的酒店和民宿、景区提供“卫生安心、价格安心、安心可退”的预售产品。

---

① 环球旅讯.美团酒店自律公约签约商家超70000家，生意恢复近八成［EB/OL］.［2020-03-19］. https://www.traveldaily.cn/article/136548.

② 环球旅讯.美团点评联合51家景区首发《中国旅游景区防疫自律公约》［EB/OL］.［2020-02-22］. https://www.traveldaily.cn/article/135907.

③ 环球旅讯.美景提前囤趋势明显，全国2900家美团“安心玩”景区成疫后出游首选［EB/OL］.［2020-03-05］. https://www.traveldaily.cn/article/136192.

④ 环球旅讯.美团“春风行动”再升级　七大举措迎接消费复苏［EB/OL］.［2020-03-09］. https://www.traveldaily.cn/article/136285.

4 月 13 日，美团发布《在线平台酒店预售服务规范》，从预售服务要求、流程、监督和评价、紧急事件处理以及服务质量管理等方面规范酒店预售产品和责任，有不少酒店，诸如雅高、亚朵、万达等酒店集团已在平台上线相关酒店预售产品。

4 月 24 日，美团发布《旅游景区预约游览服务规范》（以下简称《标准》），并已通过中国标准化协会的立项，对景区线上化、在线预约购票、闪入园服务流程、限流预警以及现场疏导管理等方面进行规范，在保障游客安全的同时提升旅游服务体验，在 4 月已经有 5000 多家景区开始实行《标准》。同时美团还在《标准》和其 TCI（Travel Convenience Index，中国景区旅游消费便利度指数）的基础上发布了景区预约旅游便利度指数，为出行的游客提供参考指标。

4 月 29 日，美团联合中国公园协会推荐的北京天坛公园、济南趵突泉公园、苏州拙政园、武汉中山公园等全国 108 家公园共同发布《共同抗疫，安心游园倡议》，共提出 11 项倡导，同时在其 APP 上定期公开公园的防疫工作情况，以便游客进行查询。

6 月 13 日，美团点评在海南省人民政府举办的海南自由贸易港重点项目集中签约活动与海南省旅游和文化广电体育厅签署战略合作协议，美团点评将基于自己的技术优势，助力海南打造智慧旅游岛，并推进其“阳光海南，度假天堂——健康游、欢乐购”的形象建设。

6 月 22 日，中国品牌建设促进会发布《品牌管理　酒店在线预售服务要求》团体标准（T/CCBD 11-2020）（以下简称《标准》），《标准》是在美团发布的《在线平台酒店预售服务规范》的基础上进行调整，由中国标准化研究院、中国品牌建设促进会、中国旅游协会文旅投资分会、南开大学旅游与服务学院、深圳消费研究院消费维权中心等单位参与起草，对酒店的在线预售的术语和定义、服务要求、服务流程、监督与评价、紧急事件处理、服务质量控制等做出了明确规定，同时要求预售产品“随买随兑”，目前已有约 2000 家酒店上线符合新标准的预售产品[①]。

7 月 17 日，第九届中国文化节开启，中国饭店协会联合美团酒店举办为期一个月的“717 百城千店绿色消费节”，通过联动全国 100 多个城市的酒店推出各种特惠活动，并推出“超级团购”酒店预售产品，通过低价来刺激旅游者出行，为商家创造新需求。

7 月 24 日，美团点评与陕西省文化和旅游厅，通过利用美团点评的流量、用户等助力陕西文旅的恢复，同时，宣传“文化陕西”品牌形象。

① 环球旅讯.美团发起、中国品牌建设促进会发布，酒店预售有了“随买随兑”新标准［EB/OL］.［2020-06-22］. https://www.traveldaily.cn/article/138637.

7月28日，美团正式推出酒店预售产品“超级团购”，从7月30日起每周四“超级团购日”，并开设“一千零一夜”直播活动，其旅行直播首秀仅用58秒就完成了第一单。

7月30日，美团点评和融创文旅达成战略合作，从信息、营销、数据等三方面互通会员、权益共享。美团利用融创文旅在中国家庭方面的产品和服务优势，触达用户的欢乐体验，而融创文旅则借助美团点评的线上优势进行产品销售和会员体系的搭建。

8月5日，美团关联公司北京三快科技有限公司申请注册“美团生活文旅+”商标，目前已经注册成功，其服务项目包括导游服务、票务代理、游乐园服务、广告/推销/市场营销/商业战略规划培训课程等。

8月11日，美团关联公司北京三快科技有限公司申请注册“美团门票景探”商标，目前已注册成功。

8月12日，美团开启景区会员旗舰店，并启动“双百计划”，在资源、营销和数据三个方面的优势上，助力景区打造全域会员管理系统，加强景区数字化运营，并计划助力打造100个具有百万粉丝量级的景区会员旗舰店，而当天首个会员旗舰店“东方明珠塔会员旗舰店”上线。

9月16日，美团与泰山景区达成战略合作，并成立美团大学美景学院泰山分院，将以门票预约为合作基础，聚焦景区智慧建设、数字化营销等，助力景区进行本地营销，提升旅游体验，助力打破单一门票经济的瓶颈；同时打造智慧旅游人才基地，促进“山城一体化”发展。

10月23日，美团与湖南省文化和旅游厅签署战略合作，利用美团自身的大数据、人工智能、5G等技术及应用优势，为湖北智慧旅游、旅游整体形象宣传，构建湖北文旅品牌馆，为湖北吸引更多本地和异地游客进行消费。

11月16日，美团携其智慧文旅产品和服务亮相2020中国国际旅游交易会，并在会上与宝鸡市人民政府签署战略合作协议，在深化文旅领域新基建、景区预约旅游合作、线上旅游宣传、人才培养、文创产品研发推广、品牌宣传等领域展开合作。

11月19日，美团间接全资附属公司汉海信息技衡（上海）有限公司以65.41亿元底价竞得上海市杨浦区定海社区N090603单元M4-01、M5-01、N1-01、N2-01地块（大桥街道119街坊），将用于美团上海总部基地建设，布局文旅与出行。

11月30日，美团与北京市东城区文化和旅游局达成战略合作，并在美团上线“故宫以东”旗舰店，将东城的景区、酒店、特色餐饮等不同产品分类、分主题，借助美团本地用户以及数据优势推动“文旅 +”新模式的发展。

12 月 3 日，长隆旅游美团会员旗舰店上线，而此前长隆旅游在美团“一千零一夜”的直播中多次出现，并在当晚的“一千零一夜”直播中直接推出了 1001 间酒店（长隆旗下）“免费住”、景区门票和酒店折扣活动，等等。

2021 年 2 月 8 日，美团上线本地出行实用指南，提出 11 项倡导，信息来自各地政府和景区官网，并进行实时更新，为用户查询当地优惠政策和景区预约信息提供方便，同时倡导用户进行本地消费。

四、战略分析

（一）美团酒店不断进阶，进军高端酒店

美团在 2012 年接入酒店团购，启动酒店业务，并在当年与携程合作，消费者可以从美团网购买携程酒店产品；2013 年，王兴建立电销团队，开始快速签约酒店，并在当年成为除携程、艺龙之外的第三大酒店分销商；2014 年，美团开始加大对酒店的投入，美团酒店也被划分为独立的事业部，并开始切割供应链，将做团购的酒店全部切割；2015 年，供应链切割完毕，美团酒店全面转向预订，并在同年更名为住宿事业部；2016 年，美团宣布高星战略，并和洲际酒店签订全球分销合作协议，以低佣金来吸引高星酒店合作，至 2017 年美团合作高星酒店达 15 000 家①，至 2018 年，与美团合作的高星酒店包括洲际酒店集团、香格里拉酒店集团、希尔顿国际酒店集团、开元酒店集团以及凯莱集团、雅阁集团、新华联集团等；2019 下半年，超过 5 成的用户在美团预订酒店，并在 2019 年全年间夜量首次超过携程系②；而 2021 年 1 月美团投资东呈酒店，向中高端酒店又迈一步。

美团从携程忽略的三四线城市的中低端酒店开始切入酒旅市场，经济连锁酒店和单体经济型酒店是美团的主要阵地，目前美团在三四线城市的优势凸显，进军高端酒店是市场扩张的必然之路；但中低端酒店的毛利较低，而高星酒店的客单价、佣金都较高，相比之下利润更加客观；同时随着社会的发展，年轻用户不断成长，追求品质化是他们的需求，未来新一代的年轻用户将会成为主力军，布局高星酒店市场也是对未来市场的布局。

创新模式，助力商家节本增收。美团在 2016 年提出了与商家合作的创新模

---

① 环球网 . 美团旅行高星布局一周年，高星酒店覆盖达 15 000 家［EB/OL］.［2017-06-07］. https://tech.huanqiu.com/article/9CaKrnK3hos.

② Trustdata 大数据 . 2019—2020 年中国在线酒店预订行业发展分析报告［EB/OL］.［2020-04-01］. https://mp.weixin.qq.com/s/_uP8ima4MebrqKoVFZM2sA.

式——CD 模式（Cross & Direct），Cross 即开源，从时间、空间以及品类上，帮助商家提升收益。在时间上，美团在淡季时为商家输送客流，在旺季时利用提前预订助力酒店收益管理，同时能够在长期上帮助商家培育年轻用户；在空间上，美团酒店可以利用自己的本地和异地市场，实现两者的互补；在品类上，美团本身的品类丰富，包含了“吃住行游购娱”，一站式的服务助力商家提升收益。Direct 为节流，使商家“自主”和“高效”，能够在平台上自主上单、变价、设置库存、营销活动等，同时能够从商家运营系统和内部管理系统两方面助力商家提升库存效率、资金费用效率以及人员工作效率。

侧面出发，助力高星酒店增收。目前，高星酒店也在不断地拓展自身业务，消费场景越来越丰富，不仅仅是住宿产品，还包括更多的附加服务产品。美团在 2019 年提出“长青计划”——“酒 +X”营销新模式，美团的平台优势——海量的用户和综合性服务覆盖，围绕酒店住宿产品的预订，将酒店内的餐饮、婚宴、健身、休闲娱乐等非住宿产品全部上线，提升酒店非住宿产品的数字化和线上化，助力高星酒店合理配置资源，释放非住宿产品能量，为消费者提供围绕酒店的一站式服务。同时基于美团大数据的优势，高星酒店能够准确了解消费者的需求，将线上营销和线下服务有效对接，研发和提供符合当前主流需求的产品和服务，助力高星酒店增收。而美团也通过调整，将高星酒店的餐饮和婚宴等产品统一由高星部门采买，为高星酒店管理者提供一站式的解决方案。

团购 + 直播助力高星酒店销售。2020 年疫情的暴发使旅游业陷入停摆，携程开启了以高星酒店为主的 BOSS 直播；而美团则另辟蹊径，推出超级团购，于 2020 年 7 月 28 日宣布将每周四定位“超级团购日”，且开启了“一千零一夜”的直播活动，助力高星酒店产品的销售。满足超级团购要求的产品，必须是高星酒店、折扣低于门市价的 6 折，且商家承诺明确数量的房间库存并定期管理房态、随时退、过期退等。美团最早以团购切入酒店，但团购在当时被当作商家在淡季的补充策略，同时消费者需要进行电话验证和二次确认，为商家提供了刷单、作弊等可操作的空间。而美团针对团购痛点对产品进行了改善升级，在产品上，必须是高星酒店、折扣低于门市价的 6 折，要求商家承诺明确数量的房间库存并定期更新房态信息，每日上传房间库存以及更新供预约兑换的信息；同时消费者的兑换过程全部在线上进行，包括查看可兑换日期、购买以及兑换等操作，而消费者未入住则可随时退款或者到期自动退款，最大程度地优化消费者的购物体验。2020 年，美团发布《酒店超级团购省钱报告》，数据显示每位用户平均买了 2.4 单，80 后是购买主力，深圳、广州、上海、北京、佛山、东莞、杭州、苏州、南京、成都等是高星酒店超级团购消费 10

大城市[①]。

（二）持续深入景区运营，强化本地服务

美团在2014年开启门票预订服务，在2015年开始布局休闲旅游市场，在其目的地频道插入景点门票、本地/周边游、国内游、境外游四大板块，同时推出了周边游独立品牌“美团直通车”，整合美团的门票、交通、酒店以及餐饮等资源，为用户提供便利的、无购物的品质周边游，并在北京、上海、杭州、广州等多地开通。2016年，美团点评旅游云利用云计算、大数据、物联网、智能终端、卫星定位等技术优势，从游客、企业、政府三方需求出发，建立旅游智能管理网络，帮助景区提供智慧服务，提升游客旅游体验；实现智能管理，为景区统计游客消费倾向、游客流量等；实现智能营销，在大数据的基础上，针对性完成景区线下、线上、新媒体等多种渠道的营销，深入景区运营。而美团近两年也不断突破，在2019年五一假期，美团门票创下单日入园人次突破300万的纪录[②]。

受新冠肺炎疫情的影响，景区预约成为常态，景区的信息化和智慧化建设提上日程；同时，景区本就囿于“门票经济”，也在一直探索如何刺激游客进行二次消费，有数据显示，中国本土旅游景点的二次消费在其整体收入中占比不到10%[③]。而美团近两年不断加速在景区的布局，在新冠肺炎期间通过一系列动作，推出《中国旅游景区防疫自律公约》和《旅游景区预约游览服务规范》、打造“安心出游节”“春风行动”等活动助力景区度过艰难期。美团在近两年深化与旅游目的地的合作，与景区进行战略合作，助力目的地和景区的智慧化建设和营销。同时，美团开启会员旗舰店，为景区打通会员体系、提供精确的用户画像，助力景区进行品牌运营、内容运营以及多业态聚合运营等；同时引导游客加入景区会员，进行积分消费，利用技术形成“扫码购票＋会员”“实名登记＋会员”“云排队＋会员”“点餐＋会员”等，打通景区线下“吃、住、行、游、购、娱”多个场景，捕获会员，将“门票经济”变为“粉丝经济”，助力景区构建私域流量池。目前，东方明珠、“故宫以东”、长隆、北京环球度假区等景区旗舰店已上线，美团还开启了“双百计划”，计划打造100个具有百万级粉丝量的景区旗舰店。

---

① 消费日报网.美团《酒店超级团购省钱报告》：每两周一团成习惯，高星酒店超级团购平均每单省801元［EB/OL］.［2020-11-05］. http://d.youth.cn/newtech/202011/t20201105_12561004.htm.

② 品橙旅游.美团门票：单日入园人次超300万 再创行业新纪录［EB/OL］.［2019-05-06］. http://www.pinchain.com/article/190933.

③ 品橙旅游.牵手美团，会员旗舰店为景区纾困［EB/OL］.［2020-08-17］. https://www.pinchain.com/article/225505.

（三）美团民宿成长快速

美团民宿是美团旗下的民宿预订平台，包括民宿、公寓、别墅、客栈、书屋、房车等各式各样的民宿，旨在“住得不一样”，为旅行社提供个性化的民宿住宿体验，同时追求“更高性价比”。美团民宿原名榛果民宿，于 2017 年 4 月上线，至 2018 年上半年已经有 6 万房东入驻，全国房源达 24 万套，到目前已经拥有超过 15 万活跃房东和 72 万套在线房源①；2018 年 8 月，品牌升级为“住得不一样”；2019 年 10 月正式改名为美团民宿，但其组织架构、运营模式、业务方向以及 Logo（标志）等保持不变，而此次改名是为了提高品牌知名度，美团通过“美团民宿”和“美团榛果民宿”名字对比调研后，发现用户更加倾向“美团民宿”。民宿市场规模在 2016 年至 2018 年间快速扩大，在民宿平台途家、爱彼迎、蚂蚁短租中，榛果民宿发展迅速，在四家企业中房源渗透率位于第二，用户留存率为 31.2%，位于第一，成长实力最佳②，其订单数高于途家和爱彼迎等企业，且为唯一一个恢复到疫情前状态的平台③。中国民宿市场还在发展期，加之“自驾游”在近年来发展迅速，未来民宿市场广阔。

美团在本地生活上的优势明显，同时也在不断扩张，投资范围广泛，不仅包括餐饮和旅游行业，还包括金融、汽车交通、科研及技术服务等行业，一直在做无边界的美团。美团不仅扎根本地生活，同样也在布局异地市场，于 2015 年成立大交通事业部，开始做火车票业务。通过不断完善供应链，2017 年交易额就突破了 100 亿元④，同时与中国国际航空、中国东方航空等多家航空公司进行直营合作。2018 年，美团围绕火车票业务，推出“生活圈”活动，在成都、重庆、西安等地上线，将用户生活半径从 30 千米扩展到 300 千米，将本地与异地生活场景结合起来。

---

① 人人都是产品经理 . 产品体验报告：美团民宿，你了解多少？［EB/OL］.［2020-12-16］. https://www.sohu.com/a/438563603_114819.

② Trustdata 大数据 . 2019 年中国在线民宿预订行业发展研究报告［EB/OL］.［2019-01-19］. https://mp.weixin.qq.com/s/SqfqoTZ2038N752U1vmATw.

③ 信披直通车　吃土不枉挖土人 . 百万数据深挖 Airbnb：它会打破外企入华“魔咒”么？［EB/OL］.［2019-01-19］. https://mp.weixin.qq.com/s/PTLydnNUf1EAZkdWbThWvg.

④ 旅行社资讯网 . 行业观察|美团旅行姚虎：完善大交通供应链，不断加强服务保障［EB/OL］.［2017-08-01］. https://www.sohu.com/a/161478144_169814.

第四章 单项预订平台

第一节　2020 年单项预订平台发展概述

一、单项预订平台概念

单项预订平台暂时没有统一的概念，通俗来讲，是指企业由于自身限制或为专注于某项业务而单一从事某项预订活动的企业。企业通过互联网搭建一个双边市场交易的平台，将企业与顾客集中到同一平台中，提高顾客与企业的匹配效率。例如从事民宿预订的爱彼迎、途家、小猪短租，从事车辆预订的租租车等。

单项预订平台由于专注于某一项预订工作，对其所在行业的深入程度较为优越，同时其专注度与专注性高于其他从事同行业的企业，通过平台搜索可以降低信息的搜索成本并提高企业产品与顾客的匹配程度。但由于业务单一，企业规模与经济收入相对其他业务复杂的企业来说存在劣势。

二、单项预订平台发展概述①

随着我国共享经济的不断发展与互联网的普及，人们对于出行的需求与预订方式随之发生变化。从电话预订、现场预订发展到现在通过手机端、PC 端实现网络预订，一代又一代的预订平台不断，满足着消费者日益个性化、多元化的需求。民宿也逐渐走入旅游者的视线之中。随着炒房热潮的冷却，拥有闲置空房的房主将目光

① 中国共享经济报告［EB/OL］.［2020-03-18］http://www.360doc.com/content/20/0318/10/51645114_900057515.shtml.

转移到旅游行业，投资民宿成为其最佳选项。一时间，以“北上广深”为代表的一线城市与旅游发展较为完备的城市之中，民宿如雨后春笋般出现，由此，以短租式民宿为代表的共享住宿形式正式出现；与此同时，人们的旅游模式也由最初的走马观花逐渐升级为深度体验游，可以自由规划出行时间与旅游路线的自驾游逐渐成为人们的重要旅行方式之一。共享汽车顺应自驾游的发展应运而生，共享汽车行业改变着人们的出行方式。单项预订平台具体发展阶段如下：

（一）中国在线短租市场在 2011 年起步

此时在线短租主要集中于房屋预订。鼓励有效利用闲置房源、降低房屋空置成本、增加空置房源收入。①

（二）2015—2016 年中国在线短租行业迎来新热潮

2015 年 7 月，国务院常务会议特别指出挖掘旅游消费新热点。满足旅游者个性化需求，形成旅游经济的新增长点。同时放宽在线度假租赁、旅游租车等行业的经营准入与许可。

2015 年 11 月，《中共中央关于制定国民经济和社会发展第十三个五年规划的建议》发布，这是共享经济首次在国家级文件上被正式提出。

2015 年 11 月，国务院办公厅发布《国务院办公厅关于加快发展生活性服务业促进消费结构升级的指导意见》。在国家层面首次提出“生活性服务业”概念，并给予高度的政策支持。

2016 年 1 月，《关于落实发展新理念加快农业现代化实现全面小康目标的若干意见》发布，大力宣传休闲旅游新模式。

2016 年 12 月，发布《关于确定民宿范围和条件的指导意见》，对民宿相关各方面标准进行严格规定，规范民宿市场。

（三）2017—2019 中国在线短租行业持续发展

国务院办公厅转发《国务院国资委以管资本为主推进职能转变方案》文件，对酒店企业从政策层面做出指导。

2017年5月，住房和城乡建设部下发《住房租赁和销售管理条例（征求意见稿）》。

2017 年 7 月，《关于在人口净流入的大中城市加快发展住房租赁市场的通知》发布，对租赁住房建设提出意见，要求在保障质量的前提下，加快推进建设，并对租赁住房市场进行规范。

2017 年 10 月，《旅游民宿基本要求与评价》发布，对民宿的卫生条件提出严格

---

① 中国共享经济报告［EB/OL］.［2020-03-18］. http://www.360doc.com/content/20/0318/10/51645114_900057515.shtml.

规范要求，以“规范化、高品质”为追求，同时还将民宿分为金宿级和银宿级两个等级。

2018年，国务院办公厅印发的《完善促进消费体制机制实施方案（2018—2020年）》，本次方案是针对短期租赁式住房进行政策层面的鼓励，租赁式客栈、民宿焕发新生机。

2019年，《西安市关于促进民宿发展三年行动方案（2019—2021年）》发布，对于民宿入住的各项环节进行严格要求，包括预订、办理入住、消防安全、环境卫生标准等方面，进一步对民宿市场与环境进行规范，并加大整治力度。

2019年，《海南省乡村民宿管理发布》。乡村旅游是近几年的大热旅游模式，充满自然风光与不同生活体验的乡村成为旅游者争相到访的旅游地。乡村民宿的规范标准也应运而生，与城市民宿的要求有所不同。

（四）2020—2021：疫情带来巨大影响，稳步恢复

2020年我国共享经济市场交易额达33 773亿元，总体交易额比上一年增长2.9%。疫情对于不同领域造成的影响不尽相同，在医疗与知识技能领域，无论是交易额还是公众关注度都有着较大幅度的增长；而与旅游行业相关的共享住宿行业、共享汽车行业则遭受损失较大，同比分别下降29.8%、15.7%。[①]

疫情期间旅游行业遭受重创，2020上半年几乎全面停业，这给共享住宿与共享出行带来的损失无疑是巨大的，一方面人们闭门不出导致房源、车辆无人预订，另一方面是无收入的状态给民宿业主、车主带来巨大的心理压力。面对这种困境，国家给予了政策方面的支持，出台《关于应对新冠肺炎疫情进一步帮扶服务业小微企业和个体工商户缓解房屋租金压力的指导意见》。意见指出，对于在疫情期间经营困难的服务业小微企业与个体工商户在租金、财务、税收等方面进行扶持，以保证行业正常运行。

1. 租金酌情减免

对于在疫情期间经营困难的服务业小微企业与个体工商户进行优先扶持，房屋租金酌情减免或延期支付。给予例如餐饮、酒店、民宿、影院等行业大力扶持。

2. 财务支持

国有银行对服务业小微企业和个体工商户，可以适当推出利率较低的小额贷款，限制用途为房屋租金；同时银行业金融机构要加大对服务业小微企业和个体工商户的信贷投放力度，在适当范围内提供优惠利润率。

① 中国共享经济报告［EB/OL］.［2020-03-18］. http://www.360doc.com/content/20/0318/10/51645114_900057515.shtml.

3. 财税扶持

对于服务业小微企业和个体工商户，地方政府可以酌情减免当年的各类税费，例如房产税、城镇土地使用税等。同时推出系列针对房屋租金等企业税收的优惠政策。

然而在疫情面前，短租行业也表现出其韧性。随着 2020 年下半年疫情逐步稳定，旅游业和与之相关的房屋共享、汽车共享行业陆续得到恢复。木鸟民宿 2020 年年度数据报告显示，2020 年木鸟民宿平台订单量同比恢复至 2019 年的八成。此外，疫情期间，各企业积极采取自救措施，例如与政府合作、推出新活动、推出智慧前台等，旅游业与共享行业在困难面前表现出绝佳的韧性，即使面对无收入、无客源的困境，仍旧积极自救，对于经济恢复与提振信心做出了积极的贡献。

三、单项预订平台发展特点

（一）预订平台与互联网新技术融合发展，推动线上线下联动模式

随着信息技术的飞速发展，互联网、人工智能等新技术成为人们生活中不可或缺的一部分，同时，各个产业都不同程度地与互联网技术融合发展。新技术可以为其他行业带来信息便利，预订平台也不例外。2020 年受疫情影响，预订平台发展严重停滞，在当时严峻的生存环境中，与新技术融合发展是行业进行自救的重要途径。

全球民宿预订平台（爱彼迎）与快手进行合作，将线下民宿预订业务转为线上业务，爱彼迎中国区总裁彭韬表示："此次与快手合作，我们希望通过直播这种更具体验感的方式，让更多的旅行者看到大美中国，激发大家的旅行灵感，同时也联合各方，一同加速民宿行业恢复元气。"小猪短租则凭借阿里的支持，在疫情期间进行自救。小猪短租与支付宝进行合作，通过前期宣传与支付宝带来的巨大流量，同期预订咨询量上升近 80%，预订量也大幅上升。除支付宝外，小猪短租乘胜追击，与同类企业进行联动融合，与阿里旗下的飞猪、二手交易平台咸鱼等企业进行合作。这种线上线下联动发展模式给小猪短租带来了巨大的话题度与曝光量，也为小猪短租在疫情期间低迷的运营情况中打了一剂强心针。途家则选择了酷狗平台进行线上线下的融合。与其他几个预订平台不同，酷狗为途家带来了不一样的体验与感觉，也带来了可观的流量。

（二）旅游关键词的转变，单项预订平台新机遇

2020 年下半年，国内疫情得到有效控制，旅游业也随之复苏。也许是因为疫情期间足不出户导致出门旅行的需求强烈，也许是因为短视频、旅游民宿直播等带来的刺激，大众旅游需求出现强劲反弹。受疫情的影响，人们的旅游需求也发生了转

变：首先，出行人数，从之前几十人的跟团游转向三五好友或一家人出行的小团体型旅游，团队成员都互相熟悉，避免长久不出门与疫情影响下与陌生人相处的不适感；其次，出行方式也发生了改变，出于公共卫生安全考虑，选择自驾出行的人数超过乘坐飞机、高铁等公共交通的人数；最后，旅游目的地也发生变化，乡村游与周边游是符合疫情环境下安全需求、心理需求、距离限制的最好选择。

"周边游""自驾游"成为未来旅游新关键词，单项预订平台也会随之迎来新机遇：自驾游人数上升，出行车辆的需求也会随之上升。无车族可能选择车辆租赁，出行人数较多则会租赁多座车辆，特殊旅游目的地如沙漠、山路等则需要租赁相应专业车辆出行。根据预测显示，2020 年国庆与中秋由于出行人数上升，预计在 10 月 1 日 0 点左右出现去程拥堵小高峰、10 月 1 日上午 10 点左右出现去程拥堵最高峰，预计 10 月 5 日下午 4 点左右出现返程拥堵最高峰。

疫情后，对于视野开阔、自然风景优美的乡村成为人们推崇的旅游目的地。根据携程统计数据显示，全国"五一"期间位居最热景区排名前列的是：太平国家森林公园、吼山、花之城、慕田峪长城、黄山风景区、武夷山、杭州湾海上花田等。

（三）直播带货成为新风潮，与预订平台深度融合、互相促进

直播行业在 2020 年发展迅速，一时间，彩妆、服装、饰品甚至助农农产品都进入了直播间。由于在疫情期间人们出行不便，互联网成为大家与外界接触的主要方式。幽默风趣又轻松闲适的直播氛围、足不出户就可挑选自己心仪的产品，还可以及时看到真正的"买家秀"以及与疫情带来的紧张氛围完全相反的热闹环境，都给直播行业的爆发埋下伏笔，直播行业迎来了又一次飞跃式的发展。数据显示，2020 年春节复工后一个月内，直播相关兼职岗位数同比增长 166.09%，是全职岗位增速的两倍多。①

单项预订平台也抓住机遇，纷纷加入直播大军：爱彼迎于 2020 年 3 月推出"住进可爱中国"系列直播活动，通过在直播平台发布相关短视频与开展直播的方式，将浙江、桂林乡村的旅游路线与自然、人文风光通过互联网直播的形式展现在人们面前，并邀请知名酒店体验师、旅游达人博主参与直播，尽管人们居家隔离，也可以通过网络进行"云旅游"；途家也于 2020 年 3 月开展直播活动，推出"云度假"专栏。选取具有代表性的八座城市，并在其中挑选具有独特性、地方性的特色民宿，邀请具有影响力的体验官进行民宿体验。最特别的是，途家邀请房东一起进行直播，"云住宿"形势新颖，直播效果反馈较好；2020 年 4 月小猪短租也投入直播

① 智联招聘 . 2020 年春季直播产业人才报告［EB/OL］［2020-03-28］. http://www.199it.com/archives/1025930.html.

行列，综合业务板块与民宿资源，第一站选定苏州作为直播地。通过对民宿设施、装潢设计等进行讲解与真人体验，让人们足不出户感受到苏州雅致的民宿格调，走进云住宿这种新颖形式。

（四）旅游产业恢复，单项预订平台迎来新的竞争

随着旅游业逐步恢复，民宿预订、景区购票、交通出行等预订业务也随之复苏，各企业之间也迎来了新的一轮竞争。2020 年各预订平台也开始融资转型。国内住宿预订平台木鸟短租完成了新的一轮融资并扩大业务范围，以增加自身经济层面的竞争力。与此同时，其他民宿预订平台也纷纷进行融资，爱彼迎、途家、小猪短租等也相继完成了新一轮的融资，火药味十足。这也意味着自疫情后，2020 年各大短租平台进入了新的一个发展阶段。

四、单项预订平台完善途径

（一）满足消费者多样化需求的创新

时代与经济结构是不断变化的，人们的旅游需求与旅游动机也随之变化。由从前“上车睡觉、下车拍照”的走马观花式旅游，到走访各地的著名旅游景点，再到如今自驾游、探险游等各种旅行模式百花齐放，预订平台要时刻关注社会动向与时事热点，把握政策导向，才能不断适应环境、积极创新，跟上时代步伐。同时要时刻关注旅游者的需求变化，才能有的放矢地对自身旅游产品进行创新，比如可以定时向大众群体发放调查问卷，（对于自身企业客户与潜在客户分别制定调查问卷），以此来对旅游者的旅游动机与偏好进行动态监测；对于在企业预订过旅游产品的顾客，要安排专业人员进行回访与评价，着重注意顾客不满之处与产品及服务存在的问题，以此针对不足进行改进。

新冠疫情也在提醒预订平台，随时随地都会有意外发生。2019 年各大平台都预估 2020 年春节旅游收入很大可能创新高，但突如其来的疫情却使得旅游业近乎全面暂停，预订平台也随之遭受巨大损失。因此，预订平台要有足够的风险意识，更重要的是，要有风险来临时的应对与自救措施，对自身产品能够随时进行调整与改进，例如疫情期间许多民宿预订平台将线下业务转移至线上、与直播平台进行合作等。此外，预订平台还要有超前意识与创新意识。

（二）避免垄断出现，平台百花齐放

发展预订平台必然需要资本的介入，引入投资或者与其他企业进行合作是不可避免的。在这种情况下，要避免垄断。首先，要避免民宿资源的垄断。如某一品牌整合同片区域内预订量较高、较有特色的民宿，并且占据预订平台页面靠前位置，使得品牌旗下的民宿被顾客浏览到的概率大大加强，这对于其他未被整合的民宿是不公平的。同时，资本整合也必将导致其旗下民宿的价格较同类民宿偏高，对于顾客来讲，经济代价更大。要避免民宿资源垄断，做到公平竞争。

其次，要避免客户资源垄断。如客户被某一品牌或某一平台垄断，民宿市场必然发生混战，引发更进一步的不正当竞争。因此，对于房东也好，对于预订平台也好，要做到反垄断，就要增强反垄断的决心与力度，给顾客一个健康的民宿预订环境。

（三）用户信息安全保护

对于网络平台利用虚拟货币进行交易的情况，用户最为看重的就是个人信息安全。与实地交易不同，这种非现金交易可能会给顾客带来不安全感。比如在网络进行民宿或者车辆预订时，需要提供自己与同伴的身份证、居住地、银行卡等敏感信息，以及自身大数据与实地定位等信息。因而保证顾客信息安全、财产安全，是在线预订平台的首要目标。

当前，部分预订平台存在过度采集个人信息、默认进行信息捆绑等行为。这种行为会加剧顾客对个人信息及财产安全的不确定感。平台在今后可以对信息采集板块进行改进：首先，在不影响正常预订流程的情况下，尽量精简采集的个人信息数量，并在较为敏感且特殊的信息后用小字注明用途，以消除顾客的心理疑问。同时，采集个人信息要有独立的页面，避免顾客在不知情的情况下出现信息捆绑的情况，要让顾客对于信息登记做到心中有数，避免后期出现信息泄露时无法确定责任方的问题。

第二节　爱彼迎

一、企业发展概述

（一）企业简介①

Airbnb 是 Air Bed and Breakfast（“Air-b-n-b”）的缩写，中文名为爱彼迎。爱彼迎是一家联系旅游人士和家有空房出租的房主的服务型网站，为用户提供多样的

① 爱彼迎官网 . 事实与数据 _ 百度百科［EB/OL］. https://baike.so.com/doc/5364837-5600458.html.

住宿信息及预订服务。

Airbnb 于 2008 年 8 月成立，总部设在美国加州旧金山市。Airbnb 是房屋共享与租赁交易社区，顾客可通过 PC 端或手机 APP，根据价格、人数等在线搜索目标城市的房源情况，通过在线付款进行预订。据 Airbnb 官方报道显示，Airbnb 平台在 191 个国家、近 10 万个城市拥有超过 600 万套房源，累计为数百万来自不同国家的旅游者们提供房源预订。Airbnb 被时代周刊称为“住房中的 eBay”。

2015 年 2 月 28 日，Airbnb 平台在美国进行新一轮融资，计划融资 10 亿美元，投资方包括富达、TPG（True Digital Group，泰国正大集团旗下投资机构）、普信集团（T. Rowe Price）、创始人基金（Founders Fund）、红杉资本和俄罗斯 DST 等机构，估值达 20 亿 ~30 亿美元。2016 年 11 月 1 日，国外媒体报道 Airbnb 对中国用户表示将在本地存储用户个人数据。2015 年 8 月，Airbnb 正式宣布进驻中国。

2016 年 11 月，“爱彼迎中国”正式成立，标志着中国区独立运营。

2017 年 1 月 27 日，“爱彼迎中国”正式开始盈利，与上一季度相比，营业额提升超过 80%。爱彼迎管理严格，明令禁止并严格处罚不诚信行为，例如刷单、不当竞争等。如平台签约的商家或房东出现违反规定的情况，爱彼迎将会对其做出处罚：将房源浏览曝光度下降、扣除押金、甚至永久下线房源、拉黑商家永不合作等措施。

2018 年 12 月，世界品牌实验室发布《2018 世界品牌 500 强》榜单，爱彼迎排名第 425。①

airbnb 新的品牌形象包含四层含义：

（1）图形像一个字母 A，代表了 Airbnb；

（2）图形像一个人张开了双手，代表了人；

（3）新 logo 像是一个标记地理位置的符号，代表地点；

（4）图形像是一个倒过来的爱心，代表爱。

（二）企业投融资情况

截至 2011 年 5 月：爱彼迎完成近 1.12 亿美元 A 轮及 B 轮融资。

2015 年 7 月 8 日：爱彼迎完成 1.17 亿美元的 C 轮融资，估值达 20 亿 ~30 亿美元。

201 年 11 月：爱彼迎完成 4.75 亿美元的 D 轮融资。

2017 年 11 月 1 日：爱彼迎完成 1.2 亿美元 E 轮融资。本轮融资由云锋基金领投，原有股东愉悦资本、晨兴资本、今日资本继续增持，泰合资本担任独家财务顾问。

① 爱彼迎官网 . 事实与数据 _ 百度百科［EB/OL］. https://baike.so.com/doc/5364837-5600458.html.

2018 年 10 月 10 日：爱彼迎完成新一轮近 3 亿美元的融资。此次近 3 亿美元融资是由云锋基金、尚城资本领投，新加坡政府投资公司（GIC）、愉悦资本、晨兴资本、今日资本跟投。①

二、企业发展特点

（一）业务范围广泛

爱彼迎作为全球住房预订平台，其业务遍布全球，范围广泛。爱彼迎是最早经营房屋预订的平台，也是目前经营范围最广的预订平台。其在全球房屋预订板块的影响力是毋庸置疑的。目前，民宿预订量逐年增长，已经成为人们出行住宿的主要选择，家一般的环境使其与传统酒店区别开来，更容易给旅游者带来温暖与舒适的体验。爱彼迎业务范围遍布全球，为出境旅游用户房屋预订带来了极大的便利。用户可以通过移动端完成海外房源的浏览预订，不需要通过旅游中介，也无须进行语言翻译，爱彼迎一个软件即可完成所有步骤。同时，爱彼迎自带的价格、地理位置、偏好等信息分类系统为游客筛选房源带来极大便利。随着入境旅游人数的不断增加，民宿的海外预订量也随之上升。爱彼迎利用其世界范围影响力，为海外游客搭建起中国民宿预订平台，吸引到更多的海外游客入住国内民宿，一定程度上促进了入境旅游与民宿入住率。

（二）共享经济性带来的巨大机遇

共享经济是给予顾客闲置物品的使用权与暂时交易权，以获得报酬为目的的物品交易行为，其本质是为了提升线下物品的使用率、避免浪费的交换行为。爱彼迎的成立最初是为解决旅游旺季酒店供房不足的问题，将房东空置闲置的房屋进行共享，以满足游客的住房需要，利用其共享性质为城市旅游缓解压力。爱彼迎的房源最初并非为商业用途而购买，大多是个人房东因为某些原因而闲置的房间，这是满足爱彼迎社区要求的一项。然而发展到今天，许多房东选择购买房屋，例如商住 Loft 等房型进行民宿投资，这是一种较为新颖的投资方式，本质并未改变，只是将闲置资源重新进行定义。

爱彼迎事实上完成了不同地域范围的陌生资源转移，为房东与旅游者带来双重便利。绝大多数旅游者的旅游行为是跨地区的，因此旅游住宿地与生活地存在地理距离，不通过中介而自己进行资源交换显然不太现实，需要消耗大量的人力与物力，如何找到当地房源且可实现资源置换并不容易。爱彼迎搭建了一个共享经济的

---

① 爱彼迎官网 . 事实与数据 _ 百度百科［EB/OL］. https://baike.so.com/doc/5364837-5600458.html.

平台，通过前期房源整合，以 B2C 的形式展开，顾客可以跨地域进行房源检索，省时省力选择并预订自己满意的房源。节约信息搜索成本，并搭建起基于双方自愿的交易平台，爱彼迎充分发挥其共享经济的特点。这一特征在跨文化、跨语种的不同国家房源预订中显得更加重要，这也是爱彼迎的成功之道。地理范围跨越越远，这种资源置换平台显得更加重要，顾客也会更加依赖。爱彼迎具有的共享性使其在发展初期就获得了巨大的成功，进驻中国市场后也在房屋预订板块占有一席之地，尤其在出境房屋预订方面迅速站稳脚跟，获得了国内游客的认可。

（三）信用要求严格，安全有保障

爱彼迎是线上预订平台，与传统酒店不同，它的房源没有现场办理入住环节。因而，爱彼迎对于房源内的物品设施、清洁条件等规定相较于酒店更为严格。对于房东管理爱彼迎也有属于自己的一套标准：首先是信息回复及时率，要求房东 24 小时内对顾客信息进行回复，并根据房东回复时间进行评估，系统在顾客咨询时会显示房东 2 小时内回复的概率，避免顾客因失去耐心而降低满意度；其次是预订及取消预订，平台设置有自动预订功能，如房源可预订则可开启自动预订且无故不可取消顾客预订，避免因房东过失导致顾客行程安排受影响；最后是有顾客评价制度，在顾客结束旅程之后，爱彼迎会发来一份详细的评价准则，包括房东的回复效率、态度、房屋位置、交通情况、设施、安全性、满意度等，问卷内容较为全面，且会展示给想要预订该房源的顾客，帮助顾客全方位了解想要预订的房源；同时，房东也会对顾客进行打分评价，这是爱彼迎平台对顾客与房东的双向保护，房东也可以查看顾客信誉程度，如遇见信誉程度较低的顾客，房东可以提前采取措施保护自己的权益，避免后期出现矛盾与争执。

三、2020 年企业数据报告

（一）《2020 年新旅行洞察》[①]

2020 年 6 月，爱彼迎发布《2020 年新旅行洞察》，该报告指出，国内旅游经济正在加速复苏。

爱彼迎数据显示，截至 2020 年 5 月，在爱彼迎 100 个房屋预订量最大的城市中，有 72 个城市的 5 月月环比增长超过 100%。如长沙、重庆、成都、杭州等城市已率先实现复苏，湖州、青岛、三亚等度假目的地的业务表现已远超去年同期。通过用户调研和平台大数据，爱彼迎中国发现“周边游”“乡村游”“重清洁”和“高

① 凤凰新闻网 . 爱彼迎发布 2020 旅游新洞察［EB/OL］.［2020-06-12］. hunan.ifeng.com/a/20200612/14254269_0.shtml.

品质”成为疫情防控新常态下的新旅行关键词。

即使疫情当前，人们仍表现出对旅行的热情。报告显示，约有 70% 的中国受访者计划在居家隔离限制令放开后一年内出行，约六成的人希望在一年内旅行 1~3 次。

数据显示，疫情环境下人们的旅行倾向发生改变。周边游、短途游出行意向占比 82%。未来一年，相较于乘飞机（66%）或火车（57%），人们更倾向于自驾出行（73%）。

（二）《2020 年中国房东社区报告》[①]

1 月 18 日，爱彼迎发布了《2020 年中国房东社区报告》，并揭晓了 2020 年度爱彼迎房东大奖（Bélo Awards）的最终得主。

《2020 年中国房东社区报告》着重描述社区的发展情况，并对社区的多元创变性进行总结。自 2008 年开始，爱彼迎已经创造出一个超千亿美元的房东经济体，全球房东累积收入约合人民币 7260 亿元。爱彼迎在 2020 年设立了“房东咨询委员会”，收集来自房东社区的反馈与建议，以期改进。

报告显示，与海外相比，爱彼迎中国房东背景更趋向多元化。中国房东九成以上拥有本科及以上学历；大量从事艺术、互联网及房地产工作的人员成为爱彼迎房东；除房屋短租外，拥有其他全职或兼职工作的房东占比 82%，呈现“斜杠房东”趋势。同时，中国房东旅游热情度高涨，超九成受访中国房东会在接待房客时提供游玩建议，约八成房客表示他们会根据房东的推荐在当地游玩。

在疫情期间，中国房东积极创新，采取加强安全防护、转型周租月租、进行房源升级、资源整合“民宿 +”等方式进行自救，拥抱新常态下的新旅游。超九成房东表示未来一年有意愿继续与爱彼迎平台合作，“年度战疫房东”、武汉房东 Kenny 表示，爱彼迎是一个有凝聚力、有担当的平台，疫情暴发初期就第一时间在社区发出倡议，号召房东为武汉医护人员提供免费住宿，短短几天时间得到了很多房东的响应，展现出社区强大的凝聚力与温度，让人为中国房东自豪。

（三）《2021 年夏季旅行报告》

爱彼迎（Airbnb）2020 年 10 月发布了关于 2021 年旅游趋势的报告，根据疫情后旅游大数据统计，预测未来一年旅游关键词为：路上生活、居家度假（staycation）、豆荚式旅行（Pod Travel）和事件型旅行。

报告显示，近 83% 的受访者对“远程办公”具有浓厚兴趣，更有 20% 的人在疫情期间更换了他们的居住地点。95 后以及 00 后是远程办公主力军，他们最欣赏

---

① 2020 年 Airbnb 爱彼迎中国房东社区报告［EB/OL］.［2020-03-06］. http://www.beijingreview.com.cn/minsheng/202101/t20210122_800233360.html.

搬到一个新地方远程工作或学习的观点，而他们正是现在消费的主要推动力。郊区与乡村是未来远程办公热门目的地。24% 的受访者的远程办公地选在了郊区，近 21% 的受访者选择农村作为办公地。

受疫情不稳定影响，未来一年国内游仍为主要旅游方式。在旅游地长期进行生活式旅游的“居家度假”会在 2021 迸发新生机。62% 的受访者决定在离家较近的目的地度假，城市周边游或者邻省市场依旧火热。

报告显示，在 2021 年，尽管大部分旅游者会选择周边游，但多数受访者表示期待新奇的旅游体验，寻求独特的旅游感受。据数据显示，整栋住宅已正式取代私人公寓成为 2021 年旅客最想预订的房型。而在偏远地带，人迹罕至的小木屋和远郊别墅则开始取代别墅和联排别墅，进入 2021 年最受旅行者欢迎的五大房型。

报告预测，团体型“豆荚式旅行”会成为出行主要方式。有 85% 的受访者倾向于永久或暂时性与家人同住。不论是出于亲情还是友情因素，“豆荚式”旅行可以降低社交风险，增添旅行趣味。据数据显示，超过 50% 受访者的 2021 旅行计划里涵盖三个或更多的人。36% 的受访者表示有强烈的团队出行意愿。居家办公人群中，这一比例上升到了 47%。①

四、2020 企业年度大事记

2020 年 1 月：爱彼迎揭晓爱彼迎年度房东奖项，对于疫情期间具有特殊贡献的房东进行嘉奖；宣布审查 700 万房源，员工工资和旅客安全挂钩的重大战略，备战 IPO。

2020 年 2 月：爱彼迎成立专项基金，预计投入超 1000 万美元，支持国内房东共同打好防疫战；公布公司财报，显示母公司普通股股东净利润同比下降 579.88%，营业收入同比下跌 29%；宣布将暂停所有北京民宿的入住手续直至 3 月份，以遵守北京法规、控制疫情。

2020 年 3 月：爱彼迎中国委托凯度面向 900 名过去有旅行经验的中国成年人针对未来旅游意向展开调研，并发布 2021 年旅行趋势；更新退改保障政策，并将退改保障政策范围扩大至全球，3 月 14 至 4 月 14 日的住宿预订可于 48 小时内全额取消退款；针对疫情期间情况，将向房东支付 2.5 亿美元用于偿付疫情导致的部分退订费用，房东可更改退款政策，于房源清单列出；开始限制营销预算，暂停所有营销活动，这项措施预计一年将为公司节省 8 亿美元支出，与此同时，公司创始人未

① 爱彼迎 2021 旅游趋势报告［EB/OL］.［2020-03-16］. https://www.360kuai.com/pc/9f37c2f3ae14a4d59?cota=3&kuai_so=1&tj_url=so_vip&sign=360_57c3bbd1&refer_scene=so_1.

来六个月将实行零薪，其他高管薪资减半。

2020 年 4 月：爱彼迎发布声明称已经从私募股权公司 Silver Lake 和 Sixth Street Partners 处筹集了 10 亿美元，将以债券加股权的形式完成募集。

2020 年 5 月：爱彼迎 CEO 布莱恩·切斯基（Brian Chesky）公布裁员计划：裁员 25%，将近 19 000 名员工。对于所有被裁员工，爱彼迎提供至少 14 周薪水。与此同时，爱彼迎也将暂停一些新业务，专注于基础运营模式。

2020 年 6 月：爱彼迎根据国内市场复苏情况，发布 2020 年旅游新洞察，发现“周边游”“乡村游”“重清洁”“高品质”成为 2020 旅游关键词；随着旅游业的恢复，爱彼迎业务逐渐回暖，全国各地订单量有所上涨，CEO 布莱恩表示，爱彼迎有很大可能今年上市；宣布任命萧锦鸿担任爱彼迎中国首席运营官一职，全面负责爱彼迎中国业务的日常运营与管理。

2020 年 8 月：爱彼迎宣布已向美国证券交易委员会（SEC）秘密提交申请文件，预计将在 SEC 完成审查程序后进行首次公开发行（IPO）；截至 2020 年 8 月，爱彼迎中国的新增房客数量排名世界第二，旅游客源地、目的地均排名世界第三。

2020 年 9 月：爱彼迎推出“学在四方”项目，共推云游学活动，来自 20 多个国家和地区的旅游达人上线近 80 个游学体验经历，赋予学生们走出去开眼界的学习新方式、新思路。爱彼迎发布十一黄金周旅行趋势：“中秋遇见国庆，‘在一起’是目的地”；Visa 携手爱彼迎宣布展开“冬奥有她”系列合作，打造爱彼迎乡村旅游赋能线上教育系统。

2020 年 10 月：爱彼迎发布 2020 最受欢迎 20 个热门旅行目的地，预计对于规划明年出行的旅行者而言，相对小众或生态环境较好且安全的旅游目的地将会成为主流。

2020 年 11 月：爱彼迎在疫情背景下，特别设立了“社区贡献奖”及“年度战疫房东奖”，对于在疫情期间快速响应，为游客提供帮助的房东进行奖励。“创新精神奖”则是积极响应旅游发展，结合短途周边游、线上体验的兴起，打造出“民宿 +”等创新经营模式。

2020 年 12 月：爱彼迎联合创始人兼首席策略官内森·布莱查奇克称，再有三年，中国将成为爱彼迎最大的市场；美国东部时间 12 月 10 日 9 时 30 分，Airbnb 爱彼迎正式登陆美国纳斯达克市场，股票代码“ABNB”，公开发行 5000 万股普通股，发行价 68 美元 / 股，截至 12 月 9 日美股收盘，爱彼迎的估值已经超越目前全球市值排名第一的酒店集团万豪国际集团 423 亿美元的市值；12 月 11 日爱彼迎公布了公司财报，报告显示爱彼迎 2020 财年三季报普通股股东净利润同比下降

115.88%；营业收入同比下跌 31.89%。

第三节　小猪短租

一、企业简介

（一）企业概况

小猪短租于 2012 年在北京成立，是目前中国民宿预订平台的先锋企业，顾客可通过小猪短租平台进行民宿预订。到目前为止，小猪的房屋资源已覆盖全球近 400 多座城市，其中包括海外 252 个目的地，平台内拥有超过 5000 万活跃用户。

小猪短租在国内设有近 20 家运营中心，覆盖多数旅游胜地。截至目前，小猪全平台拥有房源超 80 万间。小猪短租平台房源丰富多样，既有普通酒店式公寓，也有具有地方特色的四合院、历史老宅，还有新兴的 Loft、西式洋房、帐篷、星空顶房等。小猪平台也是共享经济平台，房东将空置的房屋挂到平台上，游客通过平台预订房间。游客可以感受区别于传统酒店的入住服务，获得性价比高、具有地方特色、具有家的感觉的住宿体验；房东则可以通过小猪平台，结识来自全国各地甚至来自其他国家的朋友，感受不同的文化碰撞。

“居住自由主义”，是小猪奉行的企业理念。小猪将继续坚守美好的价值观，推动中国住宿方式的进步。①

（二）公司业务

1. 商旅业务

小猪首次推出“商旅短租”概念，这是针对商务人群展开的短租预订服务。2017 年 4 月 26 日，小猪短租在深圳召开商旅业务发布会。小猪短租平台综合地区与经济考虑，将首个试验点选在深圳；稍后，小猪短租平台相继在北京、杭州、成都、广州、上海等 20 个重点城市陆续开放商旅业务，并建立商旅服务体系。

2. 海外业务

小猪短租于 2017 年开始拓展海外业务，目前，小猪已在 200 个海外城市拥有房屋资源，业务增长率较快的则是距离中国较近且民宿业发展较为成熟的泰国、日

① 360百科. 小猪短租［EB/OL］. https://baike.baidu.com/item/小猪/23497511?fromtitle=%E5%B0%8F%E7%8C%AA%E7%9F%AD%E7%A7%9F&fromid=1021459.

本等地。2018 年 3 月，小猪短租与 Booking Holdings Inc 旗下的安可达（Agoda）达成全球战略合作伙伴关系。双方将在房源打通、技术与服务、品牌营销等领域展开多项合作。

3. 揽租公社

2018 年 4 月 19 日，小猪短租宣布推出全新业务：品牌揽租公社，为房东提供一站式的民宿短租经营解决方案[①]，涵盖设计、软装、保洁、商城、物联网设备、智能化管理等环节。依托于小猪成熟的平台生态体系，揽租公社将打造智能化众包服务网络，为用户创造更丰富的参与共享住宿的方式，降低房东的经营门槛。

4. 管家服务

2016 年，小猪平台为旗下房东提供统一的清洁标准与清洁服务，房东可通过平台预订下单，小猪的保洁团队将上门为房东提供标准化清洁服务，包括清洁、消毒、陈列复原与摆放等环节。清洁后则全方位拍摄屋内照片并发送给房东检查。截至 2020 年，小猪平台拥有超过 6000 位清洁服务管家，订单量已经破百万。仅 2019 年 4 月一个月的时间，小猪平台清洁服务达 25 万单，创下了历史新高。

5. 摄影服务

小猪平台配有专业的摄影团队。团队拥有超 300 位专业摄影师，入驻小猪平台的房东可以下单摄影服务，为房屋拍摄上架照片。摄影团队具有专业的民宿拍摄水准，与传统摄影师相比，小猪平台的摄影团队对房屋的构图、色彩等具有更加专业的拍摄技巧，更为了解顾客的偏好。

6. 房东端

小猪平台具有专业的服务运营及宣传团队，可以为房东提供专业的指导服务。平台定期开展宣传活动、直播带货等，从平台的角度为房东进行宣传，可以看作平台为房东提供的福利服务。

7. 房客端

小猪平台重视保护顾客利益。入住前，平台会与顾客签订《房客保障计划》，如在入住期间出现卫生、安全、财产、虚假宣传等任何方面问题，平台在进行核实后，会按照《房客保障计划》的规定对用户进行人身财产安全保障，最大程度地维护顾客利益。

① 360百科. 小猪短租［EB/OL］. https://baike.baidu.com/item/小猪/23497511?fromtitle=%E5%B0%8F%E7%8C%AA%E7%9F%AD%E7%A7%9F&fromid=1021459.

二、企业投融资情况①

2013 年 1 月 6 日：小猪短租首次完成 A 轮融资，融资额达千万。

2014 年 6 月 16 日：小猪短租进行 B 轮融资。融资额为 1500 万美元，融资方为君联资本与晨兴资本。

2015 年 7 月 8 日：小猪短租进行 C 轮融资，融资额为 6000 万美元。本轮融资方则为愉悦资本、中信资本、晨兴资本、以太资本，和玉资本跟投。

2016 年 11 月：小猪短租完成 C+ 及 D 轮融资，融资额为 6500 万美元。

2017 年 11 月 1 日：小猪短租进行 E 轮融资，本轮融资额为 1.2 亿美元。融资由云锋基金领投，泰合资本担任独家财务顾问。

2018 年 10 月 10 日：小猪短租进行新一轮融资，融资额近 3 亿美元。

2020 年 4 月：小猪短租宣布延长“订单佣金减免政策”。由于疫情的影响，小猪短租平台订单量骤降，本着同舟共济的原则，为帮助平台下房东共同渡过难关，小猪短租对近期订单的佣金进行酌情减少或免除佣金。并根据疫情控制情况对订单佣金减免政策时间及金额进行动态调整。

2020 年 5 月：飞猪联合小猪短租开展“乘风破浪 de 民宿们”直播活动。小猪短租联合飞猪平台、海南省文化和旅游局及海南省城乡建设厅共同助力海南省民宿恢复工作。小猪短租别出心裁，结合当时大热的选秀节目“乘风破浪的姐姐们”拟订活动名称，推出民宿体验专题直播，并在直播中介绍海南特色民宿、自然风光、美食等。直播持续两小时，达成 200 万元的交易额，为海南省旅游恢复贡献了一份力量。

2020 年 7 月：小猪短租入驻小红书，联手私域流量。为降低疫情期间小猪短租因业务停滞带来的负面影响，综合考虑受众群体与流量情况，小猪短租选择与小红书进行合作。首先，小猪短租与小红书都是偏向于吸引年轻、潮流群体，具有社交分享能力与具有一定消费能力的客户成为二者的共同受众目标；其次，小红书平台作为最大的社交分享类平台，其业务分类与客户群体巨大，联合发展可以为小猪平台带来巨大的流量、有效缓解疫情期间的业务停滞状况，流量带来大量客户，从而缓解资金压力。

2020 年 8 月：小猪短租“弃城入村”，大力发展乡村民宿。据小猪平台统计数据显示，疫情后，乡村旅游成为热门词汇，农村成为游客的“新宠”。小猪短租抓

① 360百科. 小猪短租［EB/OL］. https://baike.baidu.com/item/小猪/23497511?fromtitle=%E5%B0%8F%E7%8C%AA%E7%9F%AD%E7%A7%9F&fromid=1021459.

住这一趋势，将民宿的宣传重点由都市转向了农村。与以往农村民宿开展的活动不同，此次小猪平台注重顾客体验，开发出亲子活动、禅修、瑜伽等新体验项目。同时，大力推进具有乡村特点的民宿，尤其是区别于城市楼房的平房、吊脚楼等特殊房型，让顾客获得与城市生活完全不同的居住体验。

2020 年 9 月：小猪短租发言人陈驰宣布工作新方向。首先对科技融合产品发展的模式表示肯定，计算机与大数据对于预订平台有着非常重要的作用，在顾客信息筛选与偏好调查方面，能够提升信息检索速度并且节约信息检索成本；其次对竞争环境进行分析，呼吁各预订平台进行良性竞争，互相促进业务发展，及时查漏补缺；最后对未来发展方向要更加“接地气”做出呼吁，在今后小猪平台要更加贴近顾客需要，真正做到有求必应、深入群众。

2020 年 12 月：小猪短途获得“2020 中国旅游大奖・优质旅游服务商”。2020 年在上海举办的“2020 年智慧旅游产业高峰论坛暨中国旅游大奖颁奖盛典”中，小猪平台凭借优质的预订服务、良好的产品品质与疫情期间的突出表现，获得优质旅游服务商奖项，激励小猪平台在下一年能够坚持高水平发展；据 2020 年酒店行业数据分析：2020 年小猪短租女性消费者占比 51.98%。

三、企业发展方向

（一）探索政企协同治理新模式

在信息技术飞速发展的今天，“互联网 +”模式是各产业的新业态。从 PC 端或移动端进行浏览预订房源的“网约房”成为房源市场中的重头戏。根据 2020 年国家信息报告中心提供的数据来看，截至 2020 年，中国网约房总交易额达到 165 亿元，与同期相比，上升近 38%；顾客数量达近 7950 万人；我国登记在册的网约房房源分布超 500 座城市，网约房总数超过 350 万套。

民宿与传统酒店服务有很大区别。首先，民宿的房源是由线下的房东提供，位置分布并不固定，并不集中在某个区域；其次，区别于酒店的连锁化设施与装潢，民宿形式丰富且不尽相同，提供的服务也具有差异性与个性化。房间服务与用品提供多数由房东决定，且用户信息、住宿人数等信息是由房东保管，相比酒店的统一管理，民宿的信息安全管理难度系数更大。

小猪与浙江省公安厅关于信息安全的合作内容主要涉及网约房治安监管和房源地址标准编码两部分，根据浙江省治安监管准则显示，小猪短租首先登记了旗下的民宿数量与地区分布，省内房源信息与房东、顾客个人信息也将随后上传到浙江省公安厅信息管理系统中。同时，小猪短租也按照标准地址码的形式对旗下民宿进行编码登记，并上传至浙江省公安厅信息管理系统。数字管理清晰且有条理，方便后续的统一监管。

浙江省公安厅网约房负责人介绍，省公安厅已于2018年底出台了《网络预约居住房屋信息登记办法（试行）》，规定了平台预订民宿时，信息登记的相关做法，厘清了房东、平台、监管部门及顾客的义务与责任，有利于网约房行业的规范发展与管理。面对网约房在房屋预订中的比重不断上升，浙江省公安机关表示将会牢牢守住安全底线，通过加强与平台的合作监管，打造出安全的网约房预订环境。

（二）厘清平台概念，明确自身业务

平台泛指从事某项工作所需要的环境与条件，对于本文来讲，则是指计算机硬件或软件的操作环境。拿苹果企业举例，我们大多认为苹果是一家经营硬件业务的企业，然而，苹果是典型的平台型企业，除大众所知的制造手机业务，苹果的独特之处在于创造了苹果系统，一个独立于其他系统的APP平台，所有的应用、支付等全部依托于苹果系统，可以说在资源与用户方面是完全独立且用户忠诚度较高。国内市值较高的公司，例如腾讯、阿里等也是平台型企业居多。针对这种情况，小猪短租陈驰表示，平台型企业是未来互联网发展的大趋势，将会深刻地影响并改变未来的企业经济结构。

其实，平台型企业已经渗透进各互联网行业之中。即使某些企业并非平台性质，但其业务也会与平台型企业重合，并且与平台型企业竞争。此时，拥有平台资源的企业极大可能占据竞争的有利地位。例如对于民宿预订平台，与平台型企业合作在价格、浏览量、安全性与品牌性方面要优于非平台型企业。小猪短租在未来的发展过程中要逐渐向平台型企业靠拢，提高自身竞争能力，或者从合作的角度向平台型企业进发，从而完善自身的业务体系。

（三）重视互联网新技术

在“互联网+”时代，网络效应对于企业发展有着至关重要的作用。网络效应是指互联网价值与网络节点的平方成正比。通俗来讲，是指信息与用户需要的关系。不同的信息产品之间其实也存在着互相关联的内在需要，随着用户数量的不断增多，每个用户都可以在网络系统中获得自己所需的信息，大量用户也可以降低平台信息维护的成本。网络效应也是随着经济社会的发展而不断变化的，对于小猪平台来说，最初做业务时，每发展一个房东或者客户都要投入很大的精力与资本，据小猪陈驰回忆，最初想要发展房东，真的需要亲自搭乘飞机从北京到成都去洽谈。

但随着网络的不断发展，网络效应带来了巨大的改变。到2015年，小猪平台每天自动上架的房源就超过2000间；浏览、预订房源的客户也在不断地上升。我们可以从中看到网络效应背后带来的巨大客源与信息潜力，在未来的发展过程中，要重视互联网信息板块，要不断与互联网新技术进行结合，例如直播、3D看房等。创新才能跟上时代。然而，网络效应也是有边界的，同时巨大的流量背后也会带来巨大的风险。要注重信息真实性与发布来源清晰性，定时进行信息检索与监督。

（四）注重细节，以小见大

布局往往是从细微处开始。小猪平台作为共享经济平台，其房源预订业务大多是异地性的，依托旅游、商旅、求学等行为产生。那么业务出发点应该选取某个或某几个城市开展，发展到一定程度后再根据地域、经济等因素向其他城市进行扩张。小猪短租最初是从成都、北京、上海展开的，选址考虑到成都的旅游资源与未来经济发展速度，北京上海作为旅游热门地且交通便利的一线城市，也是不二之选。因此，在业务上，小猪短租的发展就是从小开始，逐渐扩张的模式。

获客往往也遵循这一规律。小猪短租发展前期，民宿行业并不如现在这样蓬勃，政策、规范标准也并不完善。旅游者大多还是选择酒店作为出行住宿。小猪最初的客源来自员工介绍。小猪员工通过将身边人介绍入住小猪房源，迎来第一波客源。第一步尝试是困难的，民宿对于当时旅游者来说是个新鲜词汇，一旦真正体验过，那么心中的担忧也会随之消除。就是这样一种接地气的获客方式，打响了小猪短租的业务第一枪。

广告同样需要徐徐展开。小猪短租一开始并未进行大范围宣传，而只是依托于去哪儿等在线旅游平台进行合作式广告发布。一方面，这类宣传价格较低，符合公司业务初期的价格要求；另一方面，作为同业平台，在线旅游平台这样的宣传也可以给小猪带来巨大的客源。

（五）重视全球化发展

全球化无疑是当前经济发展的重要话题。对于各行各业，全球化都是大势所趋。在出境游与入境游已经大大普及的今天，海外市场是房源预订的重要战场。纵观其他房源预订平台，爱彼迎的全球化发展做得尤为突出，这一优势也为爱彼迎带来了大量客源，使其在竞争中占尽优势。海外市场其实是民宿预订的一个大板块，跨境预订通常会收入相较于国内游更高。抓住全球化的机遇对于企业来说是必要的，也是亟待解决的。小猪不仅是产品全球化，还要做到技术、管理、服务等全方位实现全球化，即使过程中会遇到各种困难及需要大量的资金投入，但全球化带来的收益是毋庸置疑的。小猪在未来的发展过程中要重视全球化发展，提高其业务竞争力。

第四节 途家

一、企业简介①

（一）企业概况

途家民宿，全球领先的民宿短租预订平台，于 2011 年 12 月 1 日正式上线，致力于为客户提供丰富、优质、更个性的出行住宿体验，同时也为房东提供高收益且有保障的闲置房屋分享平台。

目前，途家已经覆盖国内 400 个城市地区和海外 1037 个目的地，在线房源超过 230 万套，包含民宿、公寓、别墅等住宿产品及延展服务，可满足以“多人、多天、个性化、高覆盖”为特征的出行住宿需求。

凭借旗下途家网、蚂蚁短租、携程民宿、去哪儿民宿、大鱼自助游五大平台的海量用户入口，途家为房东和房客提供高效运营及贴心的服务；通过最简便高效的“途家管家”，使房东在免费发布房屋信息、轻松赚钱的同时，还可与来自世界各地的房客相互交流分享。

途家专业的房东保障计划及经营指导，免去房东们的后顾之忧，使分享赚钱更省心。2017 年，为了帮助更多的闲置房源发挥价值，途家创行业之新潮，推出了 RBA 服务，从上房定价到布草洗涤，利用智能物联，结合全方位的管家业务，为房东们提供了“一键托管，轻松入账”的卓越服务。

（二）投融资情况②

随着国内共享经济的逐步升温和途家民宿预订业务的不断增长，途家在资本市场表现亮眼。2017 年 10 月 8 日，途家民宿线上平台完成 E 轮融资，总估值超过 15 亿美元。2015 年 8 月 3 日，途家民宿完成 D 轮及 D+ 轮融资，总估值超 10 亿美元，正式进入互联网行业的 10 亿美元“独角兽”俱乐部。2016 年 6 月 6 日，途家民宿宣布战略并购蚂蚁短租，进一步强化了其在住宿分享市场的领导企业优势。2016 年 10 月 20 日，途家宣布战略并购携程、去哪儿公寓及民宿业务，2018 年 1 月，大鱼自助游加入途家，正式形成“携程民宿、去哪儿民宿、途家、蚂蚁短租、大鱼自助

① 途家网［EB/OL］.［2019-10-25］. https://content.tujia.com/tujiajianjie.htm.
② 途家网［EB/OL］.［2019-10-25］. https://content.tujia.com/tujiajianjie.htm.

游的民宿短租入口”五大平台矩阵，形成新途家集团。

二、企业年度大事

2020 年 1 月：途家发布《途家民宿 2020 春节新趋势报告》。

2020 年 2 月：途家宣布了新任 CEO 的任命，原去哪儿网 CEO 陈刚接替杨昌乐掌管途家民宿；途家自营（途家内部的孵化业务，专注民宿托管服务）发起为抗击疫情的医务工作者和其他专业工作人员提供免费住宿的行动倡议，共有 400 多套自营民宿近 300 名业主共同参与。途家民宿多次升级退改保障范围与应急服务，将免费取消范围扩大到全国范围内的所有订单，并延长免费退改时间，特设“尊贵权益”回馈业主。途家民宿联手中国平安向平台内所有民宿房东免费提供 20 万元的“新冠保险”，尽最大努力为房东保驾护航，共抗突发疫情。

2020 年 3 月：受疫情影响，途家将调整 20 个城市自营业务中的直营业务部分，而并非所有自营业务；另外，途家代理模式仍旧正常运营，且是主要模式。途家民宿在全国其他 110 个城市的运营模式不变。

三、企业年度报告

（一）《2020 春节新趋势报告》①

2020 年 1 月，途家发布《2020 春节新趋势报告》。报告显示，2020 年春节期间预计出游人数相比同期增长近两倍，出国游人数将达到往期的三倍以上。

1. 国外过年成为北上广深人民过年新风潮

据途家报告显示，2020 年春节期间出国游主要集中在距离较近的周边国家，例如日本、韩国、泰国等。其中，曼谷、东京、大阪、清迈、普吉岛、京都、首尔、芭提雅、新加坡等地最热门。可见，时间与距离成为春节期间游客目的地选择的重要依据。

据了解，大多数游客出行选择在春节前三天至春节后六天之间，热度逐渐攀升。游客大多数来自北京、上海、广东。经济水平也成为制约出国游的重要因素。

国内游的出行时间则与出国游不同，游客大多选择在家中过完具有纪念意义的“大年三十”与“初一初二”后才开始进行出游活动。热门旅游地集中在经济发达城市如北京、上海、广州，以及南方温暖地区如云南、丽江、大理、三亚等。②

---

① 途家民宿 2020 春节新趋势报告［EB/OL］.［2020-01-06］. http://www.360doc.com/content/20/0116/14/77611_886507930.shtml.

② 途家网［EB/OL］.［2019-10-25］. https://content.tujia.com/tujiajianjie.htm.

2. 家庭游成为春节期间主要出行模式

据途家报告显示，春节期间国内游平均出游天数为 3.2 天，出游时间在 1~2 天的超过 60%，出游时间为 3~5 天的约为 33%。由于时间限制与春节的特殊性，大多数人选择在春节黄金周进行旅游活动，过年不再拘泥于集中在家中，旅行为新年带来新的活力与乐趣。①

春节期间选择旅行的人群中，千禧一代是主力军，占春节期间出游人数 70% 之多。受时代与文化影响，青年一代对新潮的过年体验较为推崇，同时，团聚与旅行也并不冲突。途家民宿数据显示，春节期间，选择三人及以上全家共同出门旅行的超过 50%。

3. 春节期间民宿价格上升，部分民宿近千元

春节期间旅游活动较为火爆，随着人数的增多，民宿价格自然也会随之上升。据途家报告显示，湖州地区部分民宿平均价格近 2000 元，一跃成为春节期间民宿价格最高地区。热门国内旅游城市北京、广州、厦门、成都、重庆、上海、西安民宿均价都在 500~800 元之间，但是湖州、河源、三亚、清远、常州、苏州、珠海、陵水、西双版纳、凉山等城市春节期间的均价亦超过千元，其中反映出三四线城市也拥有巨大的民宿发展潜力。

（二）《2020 年乡村民宿数据报告》②

1. 房源量与创收齐涨超两倍，周边游带火乡村经济

乡村民宿成为民宿发展新模式。根据途家发布的《2020 年乡村民宿数据报告》显示：疫情缓和以后乡村民宿展现出不同的生命活力。截至 2020 年 12 月，途家旗下拥有的乡村民宿房源数量超过 54 万套，与 2019 年相比，增长约 2.4 倍；2020 年，乡村民宿实现了新的发展路径，无论是数量还是价格都有了大幅度的增长，据报告显示，途家平台的乡村民宿在 2020 年收入超 17 亿元，接待人数超过 570 万，与 2019 年相比，增加超过三倍。

2. 高端民宿成为主流

2020 年疫情对旅游业造成巨大打击，上半年民宿预订几近停滞。但随着疫情得到控制，旅游业逐渐回暖，乡村民宿成为民宿发展的新风潮。

据报告显示，在疫情环境下，游客选择民宿时最为关注的是卫生问题。安全度、私密性也极大程度影响着游客的选择，这些关键词与乡村有着紧密的联系。在

① 途家民宿 2020 春节新趋势报告［EB/OL］.［2020-01-06］ http://www.360doc.com/content/20/0116/14/77611_886507930.shtml.

② 《2020 年乡村民宿数据报告》［EB/OL］.［2020-03-17］. http://www.199it.com/archives/1218066.html.

上述安全性与卫生得到保证的前提下，具有特色的民宿更能吸引游客的关注。例如乡村风情体验、装潢独特的民宿与其他常规乡村民宿相比销量更好。同时，休闲与娱乐也是疫情后的旅游新趋势。

满足上述要求的民宿价格也会相对较高。据报告显示，高端民宿成为疫情后的主要消费房型。同时，注意到线上线下融合发展的红利，大量的乡村民宿房东自发开展线上运营如直播、短视频拍摄等活动，积极参与到途家平台的直播活动与线上运营之中，积极参加平台的培训和活动来达到引流的目的，以缓解疫情期间的收入停滞。

3. 周边游大热，带动经济发展

据途家数据统计，2020 年乡村民宿创收最高的十大目的地是德清县、惠东县、昌黎县、安吉县、阳朔县、淳安县、龙门县、嵊泗县、嘉善县和凤凰县。其中，湖州德清县、惠州惠东县、湖州安吉县等地一直保持稳定发展与创收，连续两年旅游人数与收入进入排行榜前列。

由于疫情的影响，人们的出行目的地也随之变化，安全性与距离成为主要制约因素。不同于以往火爆的出境游，疫情后人们大多选择国内游，主要集中于距离较近的周边游，一定程度上带动了城市周边的乡村经济与农家乐发展。

据途家报告显示，以北京、上海、三亚、厦门、杭州、广州为代表的一线城市和热门旅游城市周边的乡村民宿发展势头良好。2020 年黄金周数据显示，北京与上海的乡村民宿接待人次与旅游收入同比增长超两倍之多；湖州德清县、杭州淳安县、乐山夹江县等地的乡村民宿在五一期间出现供不应求的情况，人数与收入暴涨。有特色、卫生有保障、个性化的乡村民宿，代表了未来乡村民宿的发展方向。①

四、企业发展战略

（一）达成战略合作，寻求共赢

2016 年是民宿发展元年，据报告显示，2016—2019 年，中国民宿行业入住人数与住宿收入均超过 200%，2020 年上半年由于疫情影响，民宿入住人数与收入下降，但下半年旅游业逐步恢复，民宿行业依旧保持着发展活力。预计继续保持着超过 100% 的增长势头。

途家抓住民宿发展的红利时期并完成扩张，占据了一定的市场份额。途家于 2014 年完成 C 轮融资、2015 年迅速完成 D 轮及 D+ 轮融资之后，并不满足于此，

① 2020 途家《乡村民宿报告》[EB/OL]. [2020-03-17]. http://www.199it.com/archives/1218066.html.

在 2016 年收购蚂蚁短租，之后相继合并携程、去哪儿公寓及民宿业务，扩大了市场份额，增加了平台业务。途家成为民宿预订平台当之无愧的“大家”，更重要的是，收获了携程这一强劲的合作伙伴。

从途家成立伊始，携程平台就是途家的重要战略与业务合作伙伴。2011 年 12 月 1 日途家网正式上线宣布成立，途家随即与携程平台达成了战略合作关系。2014 年 1 月 17 日，携程途家公寓频道上线。携程对于途家在资本与运营方面有很大的参考意义，并帮助途家克服前期运营困难。合作带来双赢，途家深谙此道。

（二）扩展业务范围，线上线下两手抓

途家与其他民宿预订平台相比，有其独特之处。随着线上业务占据营业额的分量逐渐上升，途家集团决定将线上与线下业务分离开来，分开管理，相继成立了线上平台公司和线下运营公司。

截至 2017 年，途家基本完成了和各大平台的合作布局，顺利与蚂蚁短租、携程、同程艺龙、去哪儿、58 赶集等八个平台进行合作发展。2017 年 10 月，途家的线上运营部分完成 E 轮融资，这代表了途家对于线上平台的认可与发展决心。

线上平台也顺利为途家带来了巨大的流量，途家 CEO 表示，线上平台为途家带来了多样化、低成本的流量入口，提高了途家竞争力。线上线下业务的拆分为途家带来了结构上的优势，这也是其区别于其他平台的特征。

（三）加强政企合作，发展乡村经济

途家近几年不断加深与地方政府的合作，通过旅游带动地方经济发展，支持乡村振兴，解决乡村就业问题，带领村民们走向小康之路。

自 2019 年开始，途家不断在各地投入资金，展开系列活动以助力乡村旅游经济发展。首先是大力扶持河南特色民宿，如“愚公志”等系列民宿，计划将河南省建设成为民宿标杆省。途家在民宿前期投入、规划、建设中提供支持，在民宿设计与后期运营中提供指导，并凭借途家线上线下双平台为后期营销提供帮助。途家已经成功把当地部分空置村屋改造成为具有典型性与代表意义的网红民宿，有效带动了乡村民宿的入住率。

同年，途家民宿积极参与旅游扶贫项目。与丰宁县签订合作条约，并与当地近 200 家商户与超 3500 套民宿达成合作。通过对当地旅游资源及民宿的宣传，交易额与往日相比增长近 50 倍；途家在多地举办“途家民宿大讲堂”活动，通过对民宿业主开展培训与讲座，帮助乡村民宿业主更好地从事经营。

另外，途家看准“网红效应”，带领流量较高的旅行博主、短视频网红进行网络直播，带网友线上体验途家乡村民宿，争取创建途家品牌连锁民宿。

2020年，尽管受疫情影响业务受到较大冲击，但途家积极采取各种方式自救。途家民宿与河南省文化和旅游厅联合举办“穿越河南豫见华夏”活动，活动现场邀请网络平台粉丝较多的旅行博主身穿传统服饰进行民宿体验直播，将当地的传统服饰、美食美景与文化背景通过网络进行推广。本次活动得到抖音、快手等平台的官方推荐支持。项目开展一个月内，微博话题热度就超过1.2亿，超2亿次阅读，活动整体曝光量近5亿。

（四）完善丰富产业链，扩大流量

短租是目前各大民宿预订平台的主要市场与主要业务，其发展需要依托于巨大的流量。对于预订平台来说，产业链在一定程度上也会对流量的使用效率产生一定影响。

近期，杨昌乐带领的途家新团队将工作重点放于产品开发与技术提升上，力求线上运营流量的精准对接、协调、优化。一旦产业链优化成功，每一个环节都能减少员工数量，并且缩短时间、节约成本，相同规模流量能够带来远超目前的效益。途家的运营渠道主要包括用户分析与权重搜索两个方面。用户特点、偏好、消费水平、消费习惯等行为大多依托于大数据等信息手段来完成。

目前途家的主要目标集中在加大途家在民宿信息搜索中的数量比重上，争取将途家在携程的流量转化率提升到15%，将流量真正引导为消费行为，并且要进一步减少对其他平台的流量依赖，努力引流并固流。

第五节　租租车

一、企业基本信息

租租车于2011年在广州成立，已经发展成为国内领先的全球自驾游租车平台。租租车业务范围涵盖近200个国家、6000多个城市。共拥有近20万家门店，并在不断扩张与发展之中。租租车业务包括为用户提供境外租车、国内租车、门票售卖、旅游产品销售、房车推荐、旅游购物（主要集中在免税店购物）、境外可提供免费的GPS中文导航、一周内提供全天候的全球中英文客服、旅游保险等与自驾出游相关的服务。

租租车凭借自身平台，对互联网的租车信息与来自各个国家的租车商户信息进行整合，为顾客提供先进、便利的搜索平台，提供给顾客实时的价格对比与时间选择。租租车平台与各大租车公司及批发商的系统进行对接，对于顾客的租车信息进行分析与整合，后台统一管理。

二、发展背景

（一）市场背景

随着经济、社会的不断发展，人们的旅游方式也随之不断变化，自驾游成为人们旅行休闲的新方式。人均可支配收入的不断上升也带来出境游的火爆，但由于中国加入《联合国道路公约》时间较晚，当时并未有成熟且完善的出境租车交通规则，很长一段时间内，我国游客在境外商旅或旅行的租车出行都受到很大限制，安全性也无法保证。

国外对于国际性交通的发展较早，早在 1990 年就开始利用互联网针对旅游业与交通运输业进行全球交通信息互通，为出境游客提供更加便捷、准确的信息服务，进而实现旅游供应商、公共交通平台、游客的多方共赢。

美国旅游协会（TIA）报告显示，出于旅游目的在互联网进行搜索的用户在 1996 年至 1998 年之间增长速度飞快，完成了第一轮信息革命。截至 2000 年，在互联网进行信息搜索的用户数量增长超过 141%。在这些用户之中，利用互联网进行线上预订门票、酒店、交通的用户表示体验感较好，其中，青少年占比较多；截至 2004 年，美国的在线旅游市场规模达到 520 亿美元。与世界的旅游业在线电子商务发展历程相比，中国相对滞后。但随着中国互联网技术的完善与普及，中国的在线旅游市场也经历了飞速发展，各大平台涌现，百花齐放，未来中国在线旅游相关产业必将获得大幅提升，给游客带来更加便捷、性价比高、人性化的服务，打造出成熟、完善的中国市场。

（二）行业背景

旅游业自产生以来就展现出其巨大的经济潜力。旅游收入与旅游人次逐年攀升，旅游已经成为人们生活中的重要部分。2020 年疫情期间，旅游业遭受巨大打击，几乎全面停滞。但疫情稳定后，2020 年下半年旅游业表现出巨大的韧性，租车平台也表现出其生命力。相较于景区门票、住宿等行业的下滑幅度，共享交通与去年同期相比下滑幅度较小。这也表明租车平台受旅游业的限制相较于其他平台偏低。租车业务涵盖范围较广，除旅游业外，出行、商务等需求也会反映在租车动机之上。①

① 360 百科 - 租租车［EB/OL］. https://baike.so.com/doc/9854764-10201748.html.

近年中国经济的不断增长与旅游业的大众化、普及化，带动了租车行业（如租租车）、共享单车等行业的快速发展。据租租车报告显示，近五年以来，中国租车市场以年平均 20%~30% 的速度增长，显示出其背后的无限潜力。

三、租租车发展历程①

2011 年 7 月：租租车平台于广州成立，名称为力擎网络科技有限公司。

2012 年 2 月：租租车首次推出跨境租车平台，整合全球各个国家的租车资源与信息，为国内游客提供境外租车服务；上线手机应用，租租车 APP 上线。

2012 年 9 月：租租车出于安全考虑，推出境外免费 GPS 业务。在租租车平台租用汽车的用户，可以在租车时间内免费使用平台提供的导航业务。

2013 年 9 月：租租车推出国内首家 7×24 小时境外租车客户中心，全天候为顾客提供信息指导服务，并提供各个国家客户中心联系方式。

2014 年 3 月：租租车针对当前存在的语言交流问题，推出了境外租车在线驾照翻译器，为有语言障碍的顾客解决翻译问题。

2014 年 4 月：与安盛天平公司达成合作，租租车推出国内首款境外车险“超级补充全险。”

2014 年 12 月：租租车完全从顾客的需求角度入手，与安盛天平公司进一步加深合作，为国内用户推出“超级补充全险”的保险服务。“超级补充全险”涵盖了更多的实用项目，例如保险承担普通汽车门店不承保的挡风玻璃、车轮、车胎、车底盘、车顶的损害，以及针对旅游租车设定的由于航班取消或延误的租车损失、旅行取消的租车损失、人身意外伤害等租车人可能遇到的其他损失。

2015 年 2 月：租租车推出境外接送机服务。

2015 年 5 月：租租车针对房车需求上升的情况，推出海外房车租车频道。

2015 年 8 月：租租车升级了客服中心，启用 10101020 客服热线，并对客服员工进行培训，增加客服中心咨询业务。

2015 年 8 月：租租车对自身业务进行评估与完善，推出国内首款境外违章查询系统。租车用户由于国别差异，存在查询及解决违章情况的困难，针对这一租车用户较为关心的问题，租租车系统在平台推出境外违章查询板块，简化查询步骤，并有针对性地提出解决方案。

2015 年 9 月：租租车与平安保险达成合作，推出第二款超级补充全险产品，并

① 360 百科 - 租租车［EB/OL］. https://baike.so.com/doc/9854764-10201748.html.

命名为“纵行四海”。

2015 年 10 月：租租车再次与安盛天平联手，针对前一年度保险用户反馈情况，对保险内容进行改进，推出“超级全车驾乘险”新版本。

2015 年 10 月：租租车推出针对租车用户的、符合国际标准的通用翻译软件。

2015 年 11 月：租租车会员系统全新升级上线。

2016 年 6 月：租租车在广州机场建立全国首家出境自驾游体验中心。

2016 年 7 月：租租车推出“闪租”产品，首创手机智能取还车。

2016 年 10 月：租租车与招商银行跨界合作，联合推出国内首个出境自驾游联名卡，首创境外 ATM 取款零费率金融服务，再推跨界合作新模式。

2017 年 4 月：租租车联手交通银行，发行国内首张出境自驾游联名信用卡。

四、融资情况①

2011 年 3 月：租租车完成首轮融资，融资金额达 1000 万元，投资方为经纬中国。

2014 年 9 月：租租车完成 A 轮融资，融资金额达 1000 万美元，投资方为启明创投、经纬中国。

2016 年 5 月：租租车完成 B 轮融资，融资金额达 1000 万美元，投资方为创世伙伴资本、前海德昇。

2016 年 8 月：租租车完成 B+ 轮融资，融资金额超过 1000 万美元，投资方为广发信德、金浦投资、永柏资本。

2019 年 5 月：租租车完成 C 轮融资，融资金额 1000 万美元，投资方为启明创投。

五、2020 年度大事记

2020 年 1 月：租租车平台与公安部道路交通安全研究中心达成合作，正式发布《2020 年春运境外驾车出行指南》。《指南》对春节期间境外租车人数以及交通高峰时段等信息加以预测，提醒租车用户安全出行，避免交通高峰。

2020 年 3 月：租租车 CEO 李斌表示，要对未来租租车的发展既充满信心又要提高警惕，要不断聚焦于市场变化与用户需求，推出更加符合顾客礼仪要求的产品；租租车近期对于自身运营情况进行了分析与改进，将业务重心转移到大陆与港澳台

① 租租车官网［EB/OL］https://www.zuzuche.com/.

地区的租车业务上；租租车也对海外市场进行了布局，对于海外与境内的业务配比进行调整，尽管目前租租车收入主要来源于境外租车收入，但租租车平台有信心在国内租车市场打出一片新天地。

2020 年 5 月：租租车针对国内租车市场，宣布推出“聚合打车”新业务，着重培养国内租车业务，拓宽国内租车市场。疫情后的租车行业更要聚焦在如何进行业务创新上，也更加考验企业的应急处理能力。疫情期间尽管没有业务与收入，租租车平台应该趁机进行业务升级，例如搭载数字通信、积极采用 5G 新技术，针对云旅游这一新热点进行业务创新。租租车要吸取疫情期间企业发展存在的问题，努力加以改进，以增强企业发展韧性，促进租租车平台以更强劲的姿态继续发展。

2020 年 7 月：租租车积极与黑龙江警方进行配合，提供相关信息，与黑龙江警方、热心使命共同破获“免费送国际驾照”电信诈骗团伙。

2020 年 10 月：租租车平台发布《2020“十一”假期全国租车自驾游报告》，报告显示，2020 年国庆、中秋“双节”长假国内旅游呈“爆炸式”恢复，旅游人数与旅游收入大幅度上升，受疫情影响，自驾游、短途周边游、乡村游成为旅游新风尚。报告显示，疫情导致双节期间旅游需求反弹。与同期旅游情况相比，双节期间租租车平台订单实现了 230% 的增长，GMV 增长超过 350%。

六、战略剖析与企业解读

（一）充满温暖的企业文化

租租车针对当前疫情带来的业务影响，响应企业对于旗下员工的人文主义情怀，租租车于 2020 年 6 月推出“千万补贴扶持计划”，在疫情期间对于供应商的管理系统使用费（SAAS）、新用户可以零担保金加入租租车平台、对于用户及车主发出近千万元的补贴等多方面的扶持政策，共同面对疫情带来的影响。

租租车 CEO 表示，“这项计划的出台首先是想在疫情期间严峻的市场环境下，与其他租车平台分享租租车近 10 年的业务发展经验，希望与各大租车平台共渡难关，为中国的租车市场环境贡献自己的一份力量，也希望能促进国内车辆租赁市场的整合与改进。”“其次租租车是一个充满人文情怀的大家庭，在疫情如此艰难的情况下，希望租租车的员工、车主、顾客能够携手共度，共同抗击疫情，迎来平台发展新阶段。重新定义国内租车行业的业务新发展方向，共同做好准备，迎接疫情后带来的旅游需求反弹与红利。”

（二）强烈的社会责任

与此同时，租租车还致力于进一步推进我国交通的全球化。例如针对不同国家之间护照转化的问题，租租车提出，应进一步简化不同国家驾照的转换流程与步骤，节约境外租车的时间与成本，尽量减少语言沟通障碍。

（三）重视大数据的利用

租租车平台注重时代发展与需求变化，积极采用大数据等互联网新技术与自身产品、管理、运营进行结合，以更好地适应顾客需求的变化。租租车定期利用大数据对前一阶段的顾客订单以及反馈情况进行分析，总结分析一定时期内顾客境外租车地聚集性与地域性，以及汽车租赁价格、汽车品牌等，以对下一阶段的运营及营销做优化，促进顾客消费。

租租车平台 2015—2019 年境外租车报告显示，我国出境旅游的租车人数与消费逐年增长，截至 2019 年，在境外选择自驾游的游客人数较上一年相比增长近 67.93%；出境自驾游的时间大多集中在春节、国庆假期、五一劳动节等法定节假日，其中，国庆假期选择出境自驾游的游客人数最多。租租车根据平台数据，在不同时段对车辆准备、人员配备等可提前做出响应，以更好地为顾客服务，从而提高顾客服务体验与满意度。

（四）积极创新的业务板块

租租车平台目前已经是国内最大的全球性汽车租赁平台，但它具有很强的忧患意识，持续进行产品以及业务创新。近年来，租租车并未满足于已具优势的境外租车业务，相继开展国内租车、门票售卖、旅游产品销售、房车推荐、旅游购物（主要集中在免税店购物）、境外可提供免费的 GPS 中文导航、一周内提供全天候的全球中英文客服、旅游保险等业务。租租车报告显示，自国内租车业务 2019 年上线至今，业务量每周保持 30%~50% 的上升速度，迅速占领国内市场。截至目前，租租车平台已经与首汽、一嗨、瑞卡、凹凸、至尊、国信、桐叶、车速递等国内较为成熟的租车平台或汽车供应商达成合作，业务涵盖 400 多个大中小城市，为数以百万计的顾客提供了优质的汽车租赁服务。

除此之外，租租车对于自身平台页面进行创新。租租车开创境外驾车易发风险与安全提示、热门国家驾车出行提示板块，表现了对于平台用户的关怀，也展现出租租车作为国际平台的担当与责任；页面信息持续完善，根据时事热点不断更新，时刻提醒用户安全出行，用产品与服务真正提升企业形象。

（五）行业整合，合作共赢

租租车针对国内租车市场，宣布推出“聚合打车”新业务，着重培养国内租车业务，拓宽国内租车市场。在合作运营方面，租租车与国内各大租车平台、汽车供应商等进行合作。租租车与曹操新能源、阳光汽车达成首批合作，针对租车平台进行业务合作整合，为合作的双方都带来了流量与客源，实现双赢；随后，租租车又与首汽约车、神州专车等平台达成合作关系，从汽车供应商角度，依靠“聚合打车”这一合作模式，实现各合作平台之间的流量互换与引流及平台用户的互换，节约运营成本。

第五章
“新”加入者

第一节　私域流量概述

一、私域流量概念

私域流量概念与流量池有关。流量池是指在预算足够的前提下，可以持续不断地获得新用户的渠道[①]。私域流量与其相对，指的是从公域或其他平台、媒体等引流或是私域自身产生的流量。一旦成为私域流量，这些流量便是可自由触达的，只要付出代价将流量池的流量转化为私域流量，便意味着我们有了不用付费的让可用流量可以随时任意频次直接触达用户的渠道，并且流量不会轻易离开。在流量成为私域流量之前，所付出的代价实际指的是 IP 化，包括打造对用户有影响的 IP，为用户提供有用的帮助或是有吸引力的内容。总体来说，私域流量就是通过打造有影响力的 IP，从流量池中引入的可直接触达的、有一定耐受性的流量。

二、私域流量产生背景

私域流量体现的是用户思维，通过向用户传输对其有用或是有吸引力的内容，从而将用户从公域流量池引入私域流量池将其变为增量，然后再继续精准为用户提供服务使其成为存量。从这里去追溯私域流量产生的背景不难发现，私域流量或者

---

①　光明网 . 打造私域流量也不是“强制关注”这么简单［EB/OL］.［2021-03-25］. http://mgmv.cn/baijia/2021-03-25/302190140. html.

说用户思维的产生都离不开市场中供大于求的现象。当前社会物质丰富、科技发达，用户在提出需求后往往有多种选择摆在面前。从供给者角度来说，如何让用户选择自己的产品、关注自己的内容那就要转变运营方式，从经营产品转为经营用户，经营用户首先便是要与用户建立联系，广泛与用户建立联系的过程实际上也是筛选用户的过程①。2017 年、2018 年互联网发展遇到瓶颈期，大多数公司面临增量到顶的问题，要保持增长势头就要思考怎样最大化发挥老用户的价值。私域流量便是在这种情况下产生的。

三、私域流量特点

（一）获取难度大

私域流量是从流量池中转化而来的，因此要获取私域流量与流量池及转化都有关系。首先，要想获取大量的私域流量，流量池体量必须要大；其次，流量之所以实现转化是由于可以获得有用的、吸引客户的内容，要获取私域流量，就要有别于流量池，要准确把握市场需要什么，打造符合目标客户群体需要的 IP，难度较大。

（二）耐受型强，客户黏性大

私域流量一般通过社交平台获取，社交平台主要通过人情世故维系，因此流量一旦引入私域流量一般不会离开。以微信为例，只要客户成为微信好友，就可以通过发消息、发朋友圈等方式将信息反复稳定地传递给客户；只要传递方式合理，不被客户拉黑，这种营销方式就可以一直进行下去。

（三）流量可控

私域流量与流量池相比体量有限，流量更加可控。除此之外，由于私域流量的转化一般是受同一 IP 吸引，所以需求具有共同点，相比流量池中不同的需求来说，私域流量更易管理、更易维持。

四、私域流量发展阶段与现状②

（一）2009—2012 萌芽

2009—2012 年是私域流量的萌芽期，当时大家对私域流量并无概念，只是为

---

① 关于私域流量的前世今生 . 新媒体之家［EB/OL］.［2019-12-03］. https://www.cn webe. com/artlcles/61095.

② 一文看懂互联网“黑话” 私域流量的前世今生［EB/OL］.［2019-08-06］. https://baijiahao.baidu.com/s?id=1645805040621213895&wfr=spider&for=pc.

避免利用公域流量带来的成本，下意识做出了一些现在看来与私域流量有关的行为，以新浪微博上线并为企业、官方等提出认证渠道为标志。

（二）2013—2016 启蒙

2013—2016 年头部企业纷纷探索私域流量玩法。2013 年微信公众号的推出，微商通过流量变现火爆一时，阿里推出微淘，走出打造私域流量的重要一步，这一阶段是头部企业入局私域流量的重要阶段。

（三）2017—2018 发展

2017—2018 年是私域流量的发展期，各大公域流量平台获客成本急剧攀升，拼多多等基于微信的电商获利可观。在这种形势下，玩家纷纷入场收割私域流量红利。

（四）2018 至今加速

2018 年下半年开始，私域流量发展加速。随着公域流量获客成本的继续上升，私域流量的重要性不言而喻，私域流量在 2019 年全面爆发，以个人号为核心、群为辅助的模式已成为常识，各大企业纷纷入局。

五、私域流量与旅游

随着在线旅游的发展，旅游行业获客成本不断提高，加之旅游高客单价、高毛利、非标品、决策周期长、决策困难大以及消费频次适中、适合分享的特点，旅游企业入局私域流量是必然的。除此之外，随着内容平台的发展，游客去旅游，不会立即使用线上旅游平台或者去线下门店，反而会先通过微博、抖音、小红书等内容平台获取信息，只有在预订旅游产品时才会使用携程、飞猪下单或者想到线下门店。从旅游企业角度来看，如何将客户从内容平台引到自身平台也至关重要，这便是旅游企业入局私域流量的开始[①]。

私域流量可以为旅游带来什么呢？最重要的是可以解决流量及获客问题。建立私域流量虽然不可避免增加成本，但维护老客户、挖掘客户价值要比在公域流量反复支付获客费用划算得多。

① 私域流量能解决旅游行业的什么难题．零售－亿邦动力［EB/OL］.［2020-12-21］. https：//www.ebrun.com/ 20201221/415484.shtml.

第二节 抖音

一、企业发展概述

（一）字节跳动

北京字节跳动科技有限公司是抖音所属公司，由张一鸣创建于2012年，是我国最早将人工智能应用于移动互联网场景下的信息科技公司。字节跳动致力于成为全球创作与交流平台，让几十亿人的数字生活更美好、更有效率、更有趣。在这一准则的指引下，字节跳动推出了一系列极具热度的产品，如：今日头条、西瓜视频、抖音、火山小视频、皮皮虾、懂车帝、悟空问答等。2013年9月字节跳动首款明星产品“今日头条”获数千万美元B轮融资；2015年字节跳动开始全球化布局，公司以技术出海为核心战略，打造全球创作交流平台；2016年3月，字节跳动设立人工智能实验室；2016年9月，字节跳动旗下抖音短视频上线；2017年5月，火山小视频宣布10亿元补贴UGC小视频，TikTok上线；2017年6月，头条视频全新升级为西瓜视频，头条问答全新升级为悟空问答。截至2019年底，字节跳动在全球拥有240个办事处和15个研发中心，其产品在全球的月活跃用户超过15亿，业务覆盖150个国家和地区、75种语言，曾在40多个国家和地区的应用商店总榜单中名列前茅。据报道，字节跳动2019年收入已超过1200亿元，员工人数已达6万人[①]。

（二）抖音

抖音是一款由今日头条孵化的面向全年龄的音乐创意短视频社交软件，于2016年9月20日正式上线[②]。在抖音推出初期，团队以功能管理为核心不断打磨产品、优化用户体验、提升产品性能，在优化视频质量的同时开发了许多简单有趣的特效如滤镜贴纸等，在持续夯实产品功能的基础上进一步摸索用户特点，据此调试产品功能；产品功能较为稳定之后，抖音终于在2017年4月开始大力推广，通过口碑传播实现用户积累；抖音在2018年迎来了爆发增长期，仅在2018年春节就增长了

---

① 中国日报网.字节跳动更新企业文化，新增“多元兼容”吸纳全球人才［EB/OL］.［2020-03-12］. http://baijiahao.baidu.com/s?id：1660941451607592941.&wfr=spider&for=pc.

② 中国日报网.字节跳动更新企业文化，新增“多元兼容”吸纳全球人才［EB/OL］.［2020-03-12］. http://baijiahao.baidu.com/s?id：1660941451607592941.&wfr=spider&for=pc.

3000 万下载量，连续半个月高居下载榜榜首，远超同类视频 APP；截止到 2019 年，抖音国内月度活跃用户数已经突破 2.5 亿人，并且以青年人和中年人为主，在全球已覆盖了 150 多个国家和地区，抖音平台日视频播放量达到 200 亿次。抖音的出现，改变了人们的休闲娱乐方式，形成了极具特色的抖音文化，对信息传播产生了极为深远的影响①。

（三）抖音发展历程

2016 年 9 月，抖音上线。

2017 年 11 月 10 日，今日头条收购北美音乐短视频社交平台 Musical.ly，将其与抖音合并。

2018 年 4 月 10 日，抖音正式上线反沉迷系统。首期反沉迷系统包括两部分：时间提醒功能，时间锁功能。

2018 年 4 月 11 日，抖音对系统进行全面升级，期间直播功能与评论功能暂时停止使用，升级完毕后再次开通。同日，抖音暂停短视频外链直接播放功能。

2019 年 5 月 6 日，抖音邀请社会各界、广大用户代表和专家学者研讨拟订《抖音社区公约》。

2019 年 5 月 30 日，国资委新闻中心正式入驻抖音开设账号“国资小新”，并发布第一支视频，时任国资委新闻中心主任毛一翔亲自出镜。

2019 年 7 月 18 日，抖音上线星图平台。星图平台主要功能是为品牌和达人提供广告任务撮合服务，并从中收取分成或附加费用。抖音已经通过竞标选出了四家机构作为首批官方服务商。

2019 年 7 月 26 日，抖音为助力未成年人健康成长，启动“向日葵计划”推出审核、产品、内容 10 项措施。

2019 年 1 月 18 日下午，抖音成为“2019 年中央广播电视总台春节联欢晚会”的独家社交媒体传播平台，将与央视在短视频以及社交互动方面展开全面合作，参与引导关注，助力春晚传播。

2019 年 9 月 27 日，抖音上线主题为“我为祖国骄傲”的话题互动活动，庆祝中华人民共和国成立 70 周年。

2019 年 10 月 31 日，抖音国际、国内负责人发生了变化，由张楠负责抖音国内产品，朱骏负责抖音国际产品 TikTok，直接向张一鸣汇报。

2020 年 1 月 8 日，火山小视频和抖音实现品牌整合升级，火山小视频更名为抖

① 抖音现状以及未来的发展趋势［EB/OL］.［2019-10-14］. https://www.sohu.com/a/346917210_790417.

音火山版，并启用全新图标。

2020 年 10 月 8 日，抖音发布国庆中秋假期数据报告，苏州和东莞视频点赞量迎来新高。两个城市相关旅游视频点赞量分别达到 2761 万和 1784 万，播放量分别突破 10 亿和 6 亿①。

二、旅游业切入点及切入模式

抖音与旅游相关短视频的火爆造就了一个个网红城市，但令人遗憾的是抖音无法通过这些流量变现，游客在抖音观看视频激发了旅游意愿后仍然是通过 OTA 预订产品。怎样在内部实现旅游预订消费闭环，抖音带着这样的问题进军旅游业。2021 年 12 月 11 日微字节（北京）旅行社有限公司成立，注册资本 100 万元人民币，该公司由抖音所属企业北京微播视界科技有限公司全资持股。这表示抖音将以旅行社为切入点，正式进军旅游业。

实际上，这次持股旅行社已经不是抖音在旅游行业的第一次试水了。早在 2019 年 2 月抖音已经开始在旅游业摸索，通过联合民宿推出民宿季活动，并邀请抖音平台的旅游达人前往民宿拍摄相关短视频，在活动过程中推出优惠券，用户可以点击观看视频直接进入购买页面下单，此次活动视频播放量达 1.2 亿次，民宿预售额更是超过了 100 万元。

第一次试水民宿让抖音对商业化有了信心，也更坚定了实现消费者在抖音内完成交易闭环的决心。2019 年 8 月 1 日，民宿预订在抖音上线，以国内民宿 PMS 系统服务商订单为技术支持，将大量民宿与抖音直连，真正实现了“刷视频、订民宿”。2020 年 7 月，抖音商家个人主页添加了“门票预订”“酒店预订”等功能，用户下单可以直接跳转第三方平台内嵌在抖音的预订小程序，实现闭环交易。从原本的外链技术支持到无须跳出 App 端操作，抖音将消费者对旅游产品的消费渐渐圈定在内部，实现了消费者在抖音内部完成交易闭环的功能②。

三、发展动态

2019 年 2 月，抖音联合 10 家民宿推出了民宿季活动，在活动过程中，这些民宿分别推出 4~6 折不等的住宿券，用户观看短视频时可直接点进购买界面。此次活

① 新华网 . 抖音发布国庆数据报告［EB/OL］.［2020-10-09］. http://www.xinhuanet.com/tech/2020-10/09/C_1126586292.htm.

② 抖音成立旅行社，抢完菜贩子，他们又开始抢旅行社了［EB/OL］.［2020-12-16］. https://baijiahao.Baidu.com/s?id=1686196598938248840&wfr=spider&for=pc.

动中相关视频播放量达 1.2 亿次，民宿的预售额突破了 100 万元，参与活动的民宿品牌微官网访问量增长 4 倍有余。

2019 年 5 月 5 日，抖音所属的北京微播视界科技有限公司将企业经营范围进行变更，新增了旅游信息咨询业务。

2019 年 8 月 1 日，抖音上线了民宿预订，通过国内民宿 PMS 系统服务商“订单来了”的技术支持，数百家民宿和抖音实现直连，“刷抖音、订民宿”得以实现。

2020 年 3 月，携程集团联合创始人兼董事局主席梁建章联合抖音开启直播首秀，总销售额 1025 万元，总订单数 6710 单，为 BOSS 直播打了个漂亮的头仗。

2020 年 4 月，爱彼迎携手人气房东联合抖音开启首次官方直播。6 天时间，实现了爱彼迎抖音账号涨粉 2.4w+，热度环比上升 38.2%。

2020 年 7 月，抖音在商家个人主页中新增了“门票预订”“酒店预订”等功能，下单时可直接跳转到美团、同程等第三方内嵌在抖音的预订小程序，实现闭环交易。

2021 年 5 月 7 日，抖音发布《2021 抖音五一数据报告》。报告显示，重庆首次成为抖音打卡数量最多的城市，超过上海、深圳和苏州。本次五一长假，抖音旅游视频数量增长明显，相比今年春节增加 2.4 倍，相比去年五一增加 5.9 倍[①]。

第三节　快手

一、企业发展概述

（一）快手简介

快手是北京快手科技有限公司旗下的产品。快手诞生于 2011 年 3 月，最初的快手与现在的快手定位截然不同，是一款用来制作并分享动图的软件即“GIF 快手”。2013 年 7 月，快手实现转型，从工具应用转型成为短视频社区。2015 年，随着物质生活的极大丰富，大家对精神生活更加重视，快手也迎来了属于自己的市场。在快手里用户不仅可以通过照片、视频记录分享自己生活的点滴，也可以通过直播实现与粉丝的实时互动。

① 抖音：五一期间 1.12 亿人在抖音直播间云游中国|网红城市|五一假期|直播间|抖音|旅游_手机网易网［EB/OL］.［2021-05-07］. https://3g.163.com/tech/article/G9CV3BUG00097U7R.html.

（二）快手发展历程

2013 年 7 月，“GIF 快手”从工具转型为短视频社区，改名为“快手”。

2015 年 6 月到 2016 年 2 月，快手用户从 1 亿涨到 3 亿。

2017 年 1 月，快手 MAU 突破 1.5 亿，DAU 突破 5000 万。

2017 年 4 月 29 日，快手注册用户超过 5 亿，快手日活跃用户 6500 万、用户在快手日均上传短视频数百万条。

2017 年 11 月，快手 APP 的日活跃用户数已经超过 1 亿，总注册用户数据已经超过 7 亿，每天产生超过 1000 万条新视频内容。

2018 年 4 月 13 日，快手 App 首页增加“家长控制模式”。

2018 年 6 月 5 日，快手全资收购 Acfun。快手在资金、资源、技术方面给予 Acfun 大力支持，Acfun 将保持独立品牌、维持独立运营、保持原有团队、独立发展。

2018 年 6 月 5 日，中文在线将公司持有的全部 A 站权益出售给快手。

2018 年 9 月 14 日，快手以 5 亿元流量计划，帮助 500 多个贫困县推广优质特产，助力当地农户脱贫。

2018 年 9 月 21 日，快手举办首期幸福乡村说，借由农村短视频网红的特产销售经历，宣传“土味营销学”。

2019 年 5 月 29 日，快手日活跃用户已超过 2 亿。

2019 年 10 月 1 日，央视新闻联合快手进行“1+6”国庆阅兵多链路直播，最高同时在线人数突破 600 万。

2019 年 11 月 23 日，快手联合 QQ 音乐、酷狗音乐、酷我音乐和全民 K 歌，共同发布“音乐燎原计划”。

2019 年 12 月 25 日，中央广播电视总台正式宣布快手成为 2020 年春节联欢晚会独家互动合作伙伴。

2020 年 5 月 26 日，快手与京东商城达成战略合作，通过快手直播购买京东自营商品将不需要跳转。

2020 年 8 月 23 日，快手正式收购 YTG 电竞战队，进军王者荣耀 KPL。

2020 年 11 月 5 日，快手计划港股上市。目前，快手已经完成 10 轮融资，估值近 300 亿美元。快手此次 IPO 计划募资 50 亿美元，估值约 500 亿美元[①]。

---

① 澎湃新闻.快手IPO：员工人均获利将超400万，五高薪人士薪酬过亿［EB/OL］.［2020-11-07］. http://m.thepaper.cn/bai jia ho_9881440.

二、旅游业切入点及切入模式

2016 年短视频在国内兴起并爆发，快手、抖音等平台成为新宠，短视频易分享易传播的特点也被旅游行业发觉，造就了一个个网红景点。2017 年一个关于张家界雪景的短视频在快手爆红，几小时内视频播放量达 31 万，在此背景下，张家界与快手正式合作。2019 年，旅游已成为快手用户最喜爱的内容之一。到 2020 年 9 月，10 家 OTA、300 家 A 级景区、1500 位持证导游、1.8 万旅游商家已入驻快手。《2020 年快手内容生态半年报》显示，在旅行方面，短视频数量增长 127%。其中，“跟着快手去旅行”活动总播放量为 5.13 亿。就在旅行种草风靡一时的情况下，2020 年新冠疫情暴发，“宅经济”给旅游发展造成巨大的困境，而直播却意外成为旅游复苏的关键，快手也成为旅游界直播的重要平台。4 月，携程梁建章、去哪儿陈刚分别来到快手直播间进行带货，分别拿下 2201 万元、1605 万元的交易额。但这样并不代表快手成功入局旅游，据艾瑞咨询数据，截止到 2020 年 6 月 30 日，快手已跃升至全球商品交易总额第二大直播平台，但其中旅游的贡献微乎其微。与内容平台在探索变现方面的苦恼一样，快手也开始了打造短视频、消费交易闭环。2020 年 7 月，快手新上线了包括周边游、美食服务的本地生活入口，通过与同程艺龙、去哪儿等旅游企业合作，将其产品接入快手，实现短视频种草、线上交易拔草、线下打卡的闭环①。

三、发展动态

2020 年 4 月，携程董事局主席梁建章开启了他在快手的第一场直播，直播间产品售卖情况可观，一场直播拿下 2201 万交易额。同月，去哪儿网 CEO 陈刚的快手直播首秀也拿下 1605 万的交易额。

2020 年 5 月快手与中国青旅集团（后文简称“中青旅”）、中国旅游集团达成战略合作协议。合作期间，双方将各自整合产品、技术、人力优势，从目的地文旅行业、景区 IP 打造等方面引入合作，完善快手文旅业务板块。中青旅以其丰富的目的地资源优势为基础，将打造一系列包括红色旅游目的地推广、丝绸之路推广、乡村振兴等内容的酒旅账号。而快手除提供流量支持外，还会将丰富的直播带货经验传授给酒旅账号，随着这些账号的成长，快手或继续为其提供相关活动策划助力酒旅账号发展。快手与传统旅行社或是 OTA 的合作不仅是简单的内容合作，旅游服务

① 快手“小跑”旅游［EB/OL］.［2021-02-16］. https://baijiahao.baidu.com/s?id=169119436 6749625049&wfr=spider&for=pc.

同步到快手、完善供应链也是重要的板块。目前，快手已经搭建了供应链库，达人们既可以选择带自己的货，也可以从快手的产品库中选货，以完善旅游服务。快手通过“短视频 / 直播 + 旅游”等场景化形式推广旅游服务，简化交易链路，在互动中促进交易的完成。截至目前，超过 10 家 OTA、300 家 A 级景区、1500 位持证导游、1.8 万旅游商家已入驻快手。

2020 年 6 月 12 日，快手商业与去哪儿达成本地旅游业务战略合作，去哪儿商家入驻快手用户可以实现在快手直接跳转链接到去哪儿店铺，交易链路大大缩短。除此之外，快手商家可以在快手发布旅游目的地相关视频，实现与用户的强互动；在快手通过短视频宣传加以优惠券发放，讲解员与观众的强互动可以有效为旅游目的地引流，快手强大的流量能够助力旅游目的地触达更多潜在游客。

2020 年 6 月 15 日，快手与爱彼迎联手推出“住进可爱中国”系列主题传播活动。在这场活动中，快手邀请月伊、酒店试睡师山姆大叔、素素拓拓的旅行派和逆光纪四位旅行达人入住绍兴、湖州、桂林、阳朔在爱彼迎上线的民宿，通过直播与短视频的形式展现四地乡村旅游线路以及当地精品民宿原生态慢生活。主播们的加入，加速了游客的下单决策。

2020年7月，快手App最新版本的“更多功能”选项中，新上线了“本地生活”入口，内容包括周边游、美食等服务。

2020 年 10 月 1 日，同程旅行依托快手强大的流量优势以及优质的达人资源发起“国庆八天怎么玩”话题。在话题号召下，快手达人们极具影响力的短视频如浪潮般涌来，深度定制的内容也引发用户的二次创作热情，两次话题挑战赛短视频播放量超过 30 亿次，话题挑战页 PV（page vierv，页面浏览量）超 900 万次，并吸引超过 1 万人抽选同程“1 元锦鲤”。快手达人作为这次活动的关键，他们凭借内容引爆粉丝群体。在 8 月 14 日至 8 月 31 日进行的“暑我会玩”话题挑战赛中，同程旅行 88 元畅游卡在快手达人的助力下成功“出圈”。9 月 7 日至 10 月 7 日，快手与同程旅行在延续此前策略的基础上，将活动玩法与曝光力度再度升级。各领域达人大显身手，通过情景剧、原创动画、专业测评等形式，花式将“机票一折酒店七折、88 元可入住高星酒店、微信支付入口即可下单、同程 1 元锦鲤福袋”等亮点全面触达潜在用户，定义了“短视频社交”互动新玩法。丰富多元、创意十足的短视频，真正实现了广告“软”植入直击用户内心，内容效果与商业价值全面凸显[①]。

① 30亿+播放量！快手达人花式种草，同程旅行破译短视频营销密码_凤凰网商业_凤凰网［EB/OL］.［2020-10-28］. http://biz.ifeng.com/c/80vwA5NqIpM.

第四节　小红书

一、企业发展概述

（一）简介

小红书于 2013 年由毛文超和瞿芳始创于上海，两位创始人发现虽然有很多聚焦出境旅游的信息平台，但海外购物市场有很大的空白。于是，2013 年 12 月 25 日小红书在苹果手机应用商店上线。

得益于其精准的市场定位与极具特色的内容，小红书上线之初即备受年轻用户的喜爱。随着用户分享生活领域信息以及了解美好生活方式的愿望越来越强，小红书为了满足用户需求开始进行精准营销，并及时扩充分享内容，从单一的海外购物分享发展到覆盖美食、旅游、学习、育儿、美妆在内的各类生活方式分享平台，年轻人也被这样的分享内容吸引，形成了“不知道怎么生活就上小红书”的习惯。小红书丰富的分享内容也吸引了数千位名人入驻社区，在“明星效应”的带动下，小红书改变了初期广告零投放模式，在各大综艺节目、安卓用户中及下沉市场做大力推广。2018 年，小红书迎来了新一轮的用户增长。

2019 年，小红书通过自己的品牌合作人平台为品牌方、内容合作机构及博主提供入口，品牌方在此平台可以直接接触营销平台、内容合作机构并查看相关信息，已通过验证申请的博主可以直接查看自己的商业数据，还能对自己的笔记报价、设置权限。小红书这一改变使得品牌与博主的合作更为透明，加强了品牌与博主对平台的信任，吸引到更多的品牌和达人入驻平台。除此之外，小红书通过赞助各大卫视春晚等活动，加大推广力度，效果明显，活跃用户数是 2018 年的三倍。到 2019 年，小红书已经在全球拥有 1.5 亿年轻用户，成为 200 多个国家和地区 7000 多万年轻消费者必备的“种草神器”[①]。2020 年 8 月 4 日，《苏州高新区 · 2020 胡润全球独角兽榜》发布，小红书排名第 58 位[②]。

（二）发展历程

2013 年 6 月，小红书成立。

---

① 新媒体运营.媒介三六零［EB/OL］.［2020-4-13］. https://mp.weiixn.qq.com/s/4zlnh0qyKBrlxNeuUoq4RA.

② 小红书 _ 标记我的生活［EB/OL］.［2020-8-18］. https://www.xiaohongshu.com/protocols/about.

2013 年 12 月，小红书推出海外购物分享社区。

2014 年 3 月，小红书完成 A 轮融资。

2014 年 8 月，小红书安卓版本上线。

2014 年 11 月，小红书完成 B 轮融资。

2014 年 12 月，小红书正式上线电商平台“福利社”。

2015 年 1 月，小红书郑州保税仓正式投入运营。

2015 年 5 月，小红书与 Blackmores（澳佳宝）达成战略合作。

2015 年 5 月，零广告下，小红书福利社在半年时间销售额破 2 亿。

2015 年 6 月，小红书深圳自营保税仓投入运营，保税仓面积在全国跨境电商中排名第二。

2015 年 6 月 6 日，小红书登上了苹果应用商店总榜第四，生活类榜第二的位置。

2015 年 6 月，小红书与日本美容综合网站 @Cosme、日本药妆店集团麒麟堂以及松下电器达成战略合作。

2016 年 7 月，国务院副总理汪洋视察小红书上海总部。

2017 年 5 月，Redelivery 国际物流系统正式上线。

2017 年 6 月，小红书第三个“66 周年庆大促”，开卖两小时即突破 1 亿销售额。

2018 年 5 月，小红书宣布完成超过 3 亿美元财务融资，公司估值超过 30 亿美元。

2018 年 6 月，小红书第一家线下零售店 REDhome 在上海开业。

2018 年 10 月，小红书用户突破 1.5 亿。

2019 年 1 月，小红书用户突破 2 亿。

2019 年 11 月，小红书宣布推出创作者 123 计划，从创作者中心、活动和产品三方面帮助创作者。

2020 年 1 月，小红书创作者中心正式上线。

2020 年 11 月，小红书“校园大玩家”校园巡讲活动走进西安工程大学，同年在西安欧亚学院、中北大学等高校落地[①]。

二、旅游业切入点及切入模式

不同的时代旅游目的地营销特点各不相同，在互联网时代，利用网络得到所需资源已经被人们所接受，在准备旅行的过程中，人们通过网络收集景区、交通等必要信息。在这种情况下，旅游目的地营销显得十分重要，通过新媒体技术的传播功

① 快手（短视频软件）_百度百科［EB/OL］.［2020-02-18］. https://baike.baidu.com/item /%E5%BF%AB%E6%89%8B/19678032?fr=aladdin.

能，在最短的时间内，以最小的成本，将营销信息精准送达用户终端。

小红书是具有强大传播能力及电商运营能力的社交媒体，旅游目的地在小红书平台的营销是通过与网红合作或冠名热度较高的产品的方式，增加旅游目的地的曝光，通过创新性的包装宣传，如旅游笔记公开体验、及时发帖等。小红书以此种模式开展与旅游目的地的合作，从而打开广告渠道、吸引更多用户的注意力。小红书切入旅游市场有以下几种方式：

（一）锁定重点市场，深挖用户需求

要开展旅游目的地营销，了解游客需求是极其必要的。通过高科技抓取数据，借助行业专家的分析锁定客源市场，深入挖掘此类人群需求，据此制定内容运营方向，为内容生产、品牌营销奠定基础，也为培养忠诚客户、增强客户黏性打下基础。

（二）KOL 扩散，增加品牌曝光量

小红书是一个以用户生成内容（UGC）为主的内容分享社区，拥有许多 KOL（Key Opinion Leader，关键意见领袖），后者有着大量的粉丝流量和关注度，影响力和话语权都极大。旅游目的地可以通过 KOL 强大影响力进行营销、宣传，甚至请旅游目的地籍贯的 KOL 作当地的形象大使，将其影响力和话语权转化为强大的旅游宣传，从而实现流量变现。

（三）笔记围攻，强化目的地宣传

高频出现的内容往往会影响消费者的决策，旅游目的地在小红书营销的关键是增加曝光率，为其营造“刷屏”现象。最高效的方式就是联合多位 KOL，并通过大数据、目标人群画像发起话题，邀请 KOL 发旅游笔记，并吸引更多 KOL 参与进来，同时鼓励他们与粉丝互动，借助粉丝扩大话题影响力，再次形成 UGC 通过层层联动，霸屏后将相关旅游产品链接植入众 KOL 的旅游笔记中，进一步提高购买率。

三、旅游发展动态

2020 年 3 月，小红书和“订单来了”达成合作，200 多家民宿品牌入驻小红书，并开通直接预订功能[①]。

2020 年 4 月，小红书与湖州市文化广电旅游局签署战略合作协议，推出“Red

① 小红书押宝旅游，内忧外患下仍隐忧忡忡［EB/OL］.［2020-07-17］. https://baijiahao.baidu.com/s?i d=1673627228962625101&wfr=spider&for=pc.

City 城市计划”①。

2020 年 6 月，小红书联合人民文旅发起“种草周边游”活动，邀旅游 KOL 与三地文旅局长开直播。

2020 年 7 月 10 日，小红书宣布与特色民宿预订平台小猪短租达成战略合作，小猪短租打通小红书民宿预订入口，开通直连，首批超过 300 家民宿入驻小红书，“未来预计将有超 2000 家精品品牌民宿入驻小红书”②。

第五节 拼多多

一、企业发展概述

（一）简介

拼多多是由成立于 2014 年的海寻梦信息技术有限公司于 2015 年 4 月创立的，是其旗下重要电子商务应用产品。拼多多的目标在于为用户创造价值，让“多实惠，多乐趣”成为消费主流，主要通过 C2M（Customer-to-Manufacturer，用户直连制造）模式对传统供应链成本进行压缩，为消费者提供公平的选择。拼多多极大地降低了传统电商所需的流量成本，并让利于供需两端。在平台大数据的支持下，拼多多根据消费者喜好与需求，实现定制化生产，持续降低采购、生产、物流成本，让“低价高质”商品成为平台主流。2019 年，拼多多平台订单包裹数已突破 197 亿个。目前，拼多多平台已汇聚 7.313 亿年度活跃买家和 510 万活跃商户，平台年交易额达人民币 14 576 亿元，迅速发展成为中国第二大电商平台。

除此之外，拼多多将创新的电商模式与精准扶贫紧密结合，推动农产品大规模上线。平台的“拼购”模式能够迅速聚集消费需求，实现大规模、多对多匹配，将农产品直接从田间送到消费者手中，令中国农业生产与需求离散化的劣势转变为优势。除此之外，拼多多立足中国中小企业旨在与其共同成长。平台“拼购”模式帮助生产厂商通过“现象级”爆款迅速赢得消费者的信任，树立品牌形象。2017 年，

① 小红书押宝旅游，内忧外患下仍隐忧重重［EB/OL］.［2020-07-17］. https://baijiahao.baidu.com/s?i d=1673627228962625101&wfr=spider&for=pc.

② 小红书种草旅游，那还早了点 . 决策［EB/OL］.［2020-08-02］. https: //www.sohu.com/a/ 411092892_792551?_f=index_pagefocus_1&_trans_=000014_bdss_dkmgyq.

拼多多共计扶持 18 万商家，帮助大量工厂摆脱代工地位。2018 年 12 月，拼多多推出了“新品牌计划”，旨在扶持 1000 家覆盖各行业的品牌工厂，帮助他们有效触达消费者。截至 2019 年底，参与“新品牌计划”定制研发的企业已超过 900 家，正式成员达 106 家，累积推出 2200 款定制化产品，涉及家电、家纺、百货、数码等近 20 个品类，累积定制化产品订单量超过 1.15 亿单。

（二）企业发展动态

2015 年 4 月，拼多多正式上线①。

2016 年 2 月，拼多多单月成交额破 1000 万，付费用户突破 2000 万②。

2016 年 7 月，拼多多用户量突破 1 亿，获得 B 轮 1.1 亿美元融资③。

2016 年 9 月，拼多多与拼好货合并④。

2016 年 10 月 10 日，拼多多周年庆单日交易额超过 1 亿元。

2017 年 10 月，拼多多近 1 个月占据 iOS 总榜及购物类榜单第一名。

2018 年 7 月 26 日，拼多多正式登陆美国资本市场，市值达到 240 亿美元。

2018 年 8 月 31 日，拼多多公布上市首份财报，第二季度营收同比增 2489%。

2018 年 10 月，国美电器与拼多多展开合作。

2018 年 10 月，拼多多发布了商家公告，对销售影音会员商品的准入条件进行了调整。

2018 年 12 月 4 日，根据央视经济网报道，拼多多新一季度交易额增长 586%，收入增长高达 697%。

2019 年 2 月，拼多多纳入 MSCI。

2019 年 6 月 11 日，拼多多入选“2019 福布斯中国最具创新力企业榜”。

2019 年 9 月 5 日，拼多多股价创历史新高，市值超过 400 亿美元。

2019 年 11 月 21 日，财报显示，本季度拼多多总营收 75.139 亿元，同比增长 122.84%；但净亏损 23.35 亿元，比去年同期扩大了 112.6%。

2019 年 12 月，拼多多上线火车票业务。

2020 年 3 月 11 日，拼多多 2019 年营收超 300 亿元，单季经营亏损缩窄至 13.4 亿元。

2020 年 3 月 11 日晚间，拼多多在盘前发布了该公司截至 2019 年 12 月 31 日的

① 关于我们 . 拼多多［EB/OL］.［2020-12-17］. https://www.pinduoduo.com/home/about/.

② 关于我们 . 拼多多［EB/OL］.［2020-12-17］. https://www.pinduoduo.com/home/about/.

③ 关于我们 . 拼多多［EB/OL］.［2020-12-17］. https://www.pinduoduo.com/home/about/.

④ 关于我们 . 拼多多［EB/OL］.［2020-12-17］. https://www.pinduoduo.com/home/about/.

Q4（第四季度）及全年未经审计财报。2019 年第三及第四两个季度，拼多多活跃买家数净增 1.02 亿，全网全域用户的覆盖率仍在提速增长。

2020 年 3 月 15 日，拼多多发布《消费者权益保护年度报告（2019）》。报告总结了拼多多在 2019 年度持续升级治理能力、着力构筑全方位消费者权益保护体系的相关工作经验及成果。

2020 年 3 月 31 日，拼多多发布 2019 年年报：营收 301.4 亿元，活跃买家 5.8 亿。

2020 年 8 月 11 日，中国最大的农产品上行平台拼多多，正式开启第二届“农货节”。

2020 年 8 月 19 日，拼多多联合创始人孙沁退出该公司法定代表人、董事及经理，其职位均由拼多多高级副总裁朱健翀接任；与此同时，拼多多创始人黄峥、拼多多 CEO 陈磊退出公司董事，新增朱健翀为董事。

2020 年 9 月，拼多多成为 2021 年“春晚”独家红包互动合作伙伴。

二、旅游业切入点及切入模式

拼多多入局旅游业并不是偶然。早在 2016 年拼多多就上线“去哪儿”官方店铺试水线上旅游业务，在经过多次尝试后，2020 年 3 月 5 日上海敦旅科技有限公司（与拼多多有相同控股人）经营范围新增“旅游业务（出境游〈赴台湾地区除外〉）明确了拼多多要加入瓜分旅游市场的战局[①]。

拼多多入局旅游并不难以理解。目前拼多多的平均月活量已经达到 6.434 亿人，这些用户里必然会有潜在的旅游者，与其让用户流失不如直接在拼多多 APP 中变现。再加上目前对拼多多来说流量获取太过依赖微信，搜索红利已然到顶，怎样在节省成本的基础上增加用户黏性成为拼多多思考的问题，这时旅游行业的发展给拼多多带来了思路，开展旅行业务不仅可以在新渠道获取流量而且可以进一步提升用户黏性及活跃度。当用户发现自己经常使用的拼多多不仅可以购物还可以低价旅游，由于之前对拼多多平台的信任，他们就会在拼多多直接购买旅游产品，从而完善了拼多多产品生态[②]。

基于这一点拼多多开始大胆尝试，从 2019 年底拼多多上线“火车票”业务到 2020 年 11 月全面上线“旅游出行业务”，拼多多在一步步布局旅游业。拼多多旅行主打特惠和低价牌，目前春秋旅游、齐乐游、小猪短租、华住、格林豪泰等商家已

① 关于我们 . 拼多多［EB/OL］.［2020-12-17］. https://www.pinduoduo.com/home/about/.

② 拼酒店，拼多多将触角伸进了 OTA 的地盘［EB/OL］.［2020-09-02］. https://baijiah ao.baidu.com/s?id=1676685049103901167&wfr=spider&for.

经入驻，涵盖机票、酒店、景区门票、跟团游等 OTA 业务。除此之外，拼多多在发展旅游过程中也离不开平台的杀手锏——“百亿补贴”。酒店、民宿等产品纷纷上线“百亿补贴”，大多是旅游套票和通兑房券，从旅游单品的销量来看，最受用户欢迎的产品当属酒店的通兑房券；销量最高的产品每件平台补贴约 100 元，已经售出了近2万件①。百亿补贴和拼多多旅行相互助力，在百亿补贴加持下，多多旅行更是直击全网低价，甚至有部分产品价格低至两折。在旅游出行业务推出后，拼多多已完成了火车票机票、餐饮酒店、景区门票、跟团游的 OTA 业务布局②。

三、旅游发展动态

2019 年底，拼多多上线“火车票”业务，入口位于拼多多首页的充值中心，点击后可直接购买火车票，并为新用户赠送了两张 5 元无门槛券③。

2020 年 2 月，拼多多旅游业务进一步延伸，与南航达成合作。南航正式在拼多多上线机票官方直销业务。这意味着，拼多多用户在平台上预订南航机票后，可享受与南航官网购票一致的服务保障④。

2020 年 4 月，拼多多还开启了“跨越山海云游中国”系列直播活动，通过直播的方式展示了不同地区的自然风光、人文特色及地道美食，并以此带动当地景区门票、餐饮、酒店、交通等旅游产品的交易⑤。

2020 年 6 月，拼多多充值中心页面除火车票、旅游业务外，增加了机票预订入口。⑥。

2020 年 7 月，拼多多上线“云南旅游节”，旅游线路包括昆明、大理、丽江、西双版纳等热门景区，以及普洱、腾冲、芒市等小众线路，并支持“先游后付”⑦。

2020 年 8 月，“华住会”在拼多多开设官方旗舰店，华住集团旗下 2000 多家酒

① 拼酒店，拼多多将触角伸进了OTA的地盘［EB/OL］.［2020-09-02］. https://baijiah ao.baidu.com/s?id=1676685049103901167&wfr=spider&for.

② 古力佳：拼多多上线旅游业务“多多旅行”［EB/OL］.［2020-11-02］. https://baijiahao.baidu.com/s?id=1684746198448846192&wfr=spider&for=pc.

③ 古力佳：拼多多上线旅游业务“多多旅行”［EB/OL］.［2020-11-02］. https://baijiahao.baidu.com/s?id=1684746198448846192&wfr=spider&for=pc.

④ 拼多多给旅游“砍一刀”［EB/OL］.［2020-11-02］. https://baijiahao.baidu.com/s?id=1684488817912210194&wfr=spider&for=pc.

⑤ 拼多多给旅游“砍一刀”［EB/OL］.［2020-11-02］. https://baijiahao.baidu.com/s?id=1684488817912210194&wfr=spider&for=pc.

⑥ 古力佳：拼多多上线旅游业务“多多旅行”［EB/OL］.［2020-11-02］. https://baijiahao.baidu.com/s?id=1684746198448846192&wfr=spider&for=pc.

⑦ 拼酒店，拼多多将触角伸进了OTA的地盘［EB/OL］.［2020-09-02］. https://baijiah ao.baidu.com/s?id=1676685049103901167&wfr=spider&for.

店，包括汉庭、全季、桔子、宜必思等多个品牌悉数参与“华住会品牌日”活动[①]。

2020年9月底，拼多多年成交额已达14 576亿元，平台年活跃买家数超过7.313亿，一年间强劲增长1.95亿[②]。

2020年11月，拼多多全面上线“旅游出行”业务，在首页和充值页面均可实现跳转，入驻商家已包括华住、东呈、春秋旅游、齐乐游、小猪短租等旅游相关企业[③]。

① 后疫情时期：拼多多带出旅游新趋势［EB/OL］.［2020-05-08］. https://mp.weixin.qq.com/s/KLo52lFCmMp1XHdYbA2jgg.

② 拼多多们挺进旅游业："百亿补贴"一旦陷入狂欢将是一场产业灾难［EB/OL］.［2020-12-05］. https://mp.weixin.qq.com/s/ZBbo-Xk4ZHrD7XiFap982g.

③ 拼多多旅游全面上线，OTA大战即将爆发［EB/OL］.［2020-12-08］. https://mp.weixin.qq.com/s/ni9yi83ZRIZYa-aIwAz9mQ.